SI EMOCIONA PENSARLO,
IMAGÍNATE HACERLO.

Obra editada en colaboración con Editorial Planeta - España

Diseño de portada: José Luis Maldonado López
Ilustraciones de portada: Andrea Bergareche

© Textos e ilustraciones: Andrea Bergareche, 2019
www.lapiznomada.com

© 2019, Editorial Planeta S.A. - Barcelona, España

Derechos reservados

© 2019, Editorial Planeta Mexicana, S.A. de C.V.
Bajo el sello editorial LUNWERG M.R.
Avenida Presidente Masarik núm. 111, Piso 2
Colonia Polanco V Sección
Delegación Miguel Hidalgo
C.P. 11560, Ciudad de México
www.planetadelibros.com.mx

Primera edición impresa en España: febrero de 2019
ISBN: 978-84-17560-73-7

Primera edición impresa en México: julio de 2019
ISBN: 978-607-07-5981-9

n. de la a.: algunas ilustraciones están creadas a partir de fotos de Helena
Goñi y Jesús Green.

Impreso en los talleres de Litográfica Ingramex, S.A. de C.V.
Centeno núm. 162-1, colonia Granjas Esmeralda, Ciudad de México
Impreso en México -Printed in Mexico

ANDREA BERGARECHE
LÁPIZ NÓMADA

YO
VIAJO
SOLA

Explora el mundo a tu manera

LUNWERG
EDITORES

Para todas las gueneras,
futuras viajeras ♡

EXPLÓRATE 27

EXPLORA EL MUNDO 83

INTRODUCCIÓN

¿Te gustaría viajar sola? ¿Recorrer el mundo con una mochila a la espalda? Quizás quieres viajar en moto, en velero, en furgoneta, o estás pensando en hacer un viaje en bici. Seguramente hay algún destino clavado en tu cabeza como se clavan las chinchetas en ese mapa de la pared con los destinos que ya hemos visitado y los que aún nos faltan por recorrer.

Si este libro ha llegado a tus manos, lo más probable es que la idea de viajar sola te está rondando, sea cual sea el tipo de viaje que quieres hacer o el destino que te gustaría recorrer. Y lo más seguro es que, si estás leyendo estas palabras, aunque te gustaría viajar sola, aún hay un montón de motivos –o de miedos– que no te permiten hacerlo.

Quizás piensas en todas esas cosas que te podrían llegar a pasar, quizás lo has dicho en alto en tu entorno y te han tildado de loca, repitiéndote esas manidas frases que envalentonan tus miedos al recordarte todos los riesgos a los que, si viajas sola, te vas a exponer.

Quizás piensas que viajar es muy caro y que te falta dinero, que necesitas ahorrar una cifra con muchos ceros para irte al otro lado del planeta a todo lujo, como una reina. Quizás lo que te falta es tiempo, mientras maldices cada lunes al volver a un trabajo que solo te aporta lo suficiente para volver otro lunes más a esa rutina que estás deseando dejar atrás.

O quizás, simplemente, te gusta tu trabajo, tienes el dinero, algunos miedos que no te impiden lanzarte y el apoyo de tu entorno, pero no sabes por dónde empezar.

Sea cual sea tu caso, aquí vas a encontrar un montón de consejos que te ayudarán a emprender ese gran viaje que deseas realizar, sea donde sea, con mochila, en barco o en bicicleta. Consejos nacidos de mi experiencia, consejos de primera mano. Consejos de alguien que, quizás como tú, un día se lanzó a viajar con más dudas que certezas y con poco dinero.

"EL MEJOR DE LOS VIAJES ES EL PRÓXIMO"

MI HISTORIA

(o cómo empecé a viajar sola)

Pero antes de seguir, me presento. Yo soy Andrea, una chica como tú, una chica cualquiera. Peso menos de 50 kilos y mido menos de 1,60, no soy lo que se dice un as en eso de la autodefensa. La mochila con la que viajo, no importa cuántas veces lo intente, siempre pesa más de lo que debe pesar y, cuando ando mucho con ella, siempre me canso.

Soy también del grupo de desorientadas que puedes ver dando vueltas en la calle tratando de averiguar, sin mucho éxito, hacia qué lado apunta la flecha del Google Maps. Soy de todo menos madrugadora y casi siempre llego tarde a todos lados. No soy superactiva, soy más bien un poco desastre y odio planificar.

Y, aun así, desde hace cuatro años me dedico a viajar, escribir y dibujar. Todo eso lo cuento en *Lápiz nómada* (www.lapiznomada.com), el blog de arte y viajes que abrí cuando emprendí mi primer viaje sola.

Ese viaje en el que recorrí Sudamérica durante casi siete meses, visitando siete países con una mochila a la espalda, casi siempre en autostop, alojándome en casas de extraños que se convirtieron en amigos gracias a Couchsurfing e improvisando el viaje a cada paso.

Soy perfeccionista en mi trabajo y, aunque cueste creerlo, muy casera. Me gusta estar en mis cosas y disfruto en mi propio universo, por eso quizás me gusta tanto viajar en solitario. Aunque desde ya te digo que cuando viajas sola lo que más cuesta es estar sola.

Y sí, como te contaba, me gusta viajar y me gusta contarlo, pero no nací viajando sola, sino que he ido aprendiendo con los años. La verdad es que tuve suerte porque he tenido unos padres que, desde pequeña, me han enseñado que para viajar no es necesario ni muchos recursos ni mucho dinero. Lo que hace falta son las ganas y el tiempo.

Nunca tuve las Adidas que tenían el resto de mis compañeros de colegio y nunca hubo una televisión de plasma en mi casa, pero frecuentemente había unos días, carretera y manta.

Con mis padres he viajado por gran parte de España, Portugal, Francia y hasta un poquito del norte de África. Al principio en coche y con tienda de campaña, a casa de la tía o a donde el viento nos llevara. Más adelante, en furgoneta: mis padres, mi hermano, yo, y hasta el perro, en solo unos metros cuadrados.

Con ellos hice también mi primer viaje de mochilera. Un mes a Túnez con la mochila a la espalda, improvisando cada día la ruta, viajando en transporte local, buscando un sitio donde dormir cuando el atardecer empezaba a asomar.

Fueron ellos los que me enseñaron distintas formas de viajar, me demostraron que no es caro, me hicieron ver que había otros países, otros idiomas, otras culturas. Un mundo entero más allá del pequeño pueblo asturiano en el que iba creciendo y que estaba en mis manos salir a descubrir.

Me contagiaron ese gusanito viajero que, en 2012, me hizo solicitar una beca para ir a estudiar un año de mi carrera de Arte nada más y nada menos que a la gigantesca ciudad de más de 21.5 millones de habitantes que es Ciudad de México.

Mi primer viaje sola, mi primer cruce de océano. Una experiencia que no solo me transformó por completo, sino que me demostró que era capaz de valerme por mí misma en un país tan alejado de mi casa, mi familia, mis amigos y mi entorno, como era para mí entonces México.

Un viaje que nunca habría emprendido si hubiese escuchado todas esas reacciones negativas que insistían en que no me fuera mientras repetían ese discurso –socialmente aprendido– que me recordaba los robos, los

secuestros, las violaciones y hasta las muertes a los que me iba a exponer si me atrevía a vivir esa aventura que luego tanto cambiaría mi forma de entender y ver las cosas, la perspectiva con la que hoy enfoco no solo mis viajes, sino el resto de mi vida.

Así que me fui el 19 de julio de 2012, cuatro días después de mi veintiún cumpleaños.

Y puedo volver a esa mañana, al despertador sonando a las 5:30, a mi cuerpo dormido y a las pestañas pegadas, a los nervios y a las ganas.

Fue una experiencia que me transformó por completo. Descubrí que hay muchas otras Andreas dentro de mí, que aparecen cuando cambia el contexto y que en la rutina no acostumbran a salir.

Ese año en México aprendí, crecí. Me enfrenté a entornos que no conocía, tuve que adaptar mi paladar a nuevas comidas, mis oídos se acostumbraron a escuchar otros acentos, a mi vocabulario llegaron nuevas palabras, me vi expuesta a otras formas de vivir. Otras formas de hablar, de actuar...

Alquilar un cuarto en un piso compartido, aprenderte el nombre de tu calle en esa ciudad de 21.5 millones de habitantes, la ruta para llegar al centro, cómo llegar al museo de arte y cuál de estos cuarenta peseros con carteles fosforitos me llena hasta Santiago Tepalcatlalpan, mi parada.

Con Frida y Diego,
* en México :)

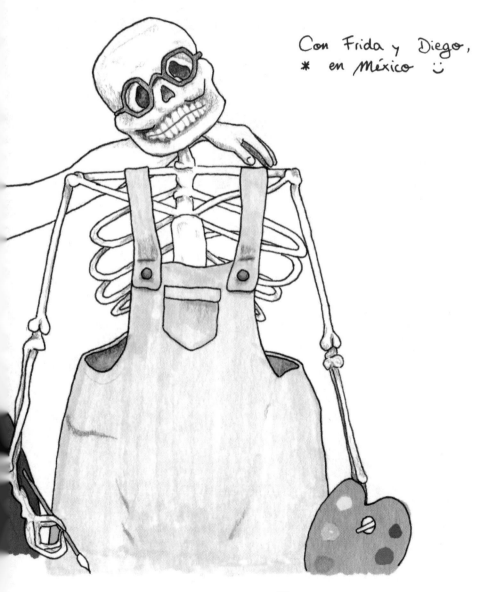

Pavor, hay una cabeza de cerdo colgada de un gancho de acero del tejadillo que se ha armado el señor de este puesto de este mercado que está en plena calle y hay un montón de gente pasando y un perro, y el cerdo, la cabeza del cerdo que te mira colgada del gancho de acero.

A partir de ese año en México, llegó el resto. La vuelta a España, un nuevo viaje a México, un viaje a California, otra vuelta a México. El viaje a Sudamérica, esos siete meses en los que recorrí en autostop siete países con la mochila a la espalda.

Un viaje a -34 grados en autostop en busca y captura de las mágicas auroras boreales. Más viajes a México, otro viaje a Estados Unidos, un viaje a Argentina. Multitud de viajes por Europa. Charlas, conferencias, un libro autoeditado, una forma de vida que se ha convertido en mi trabajo.

Mi última aventura, un viaje por Tailandia que me llevó luego a recorrer Vietnam en motocicleta. La primera vez que conducía una moto, con el miedo que eso me provocaba. Un país en el que la forma más certera de comunicación me la daba Google Traductor.

Y la cadena que se sale y el aprendizaje a marchas forzadas de conducción y de mecánica. Y los caminos de barro. Y los 100 kilómetros que se convierten en cuatro horas a bordo de la moto por las carreteras destartaladas de montaña. Y los campos de arroz y las cholitas de Bolivia. Y el Pho gá, esa sopa de fideos de arroz que costaba menos de 2 euros y los gusanos que probé en Ecuador y la multitud de comidas raras, y todos los acentos e historias que mis aventuras me han ido regalando.

* Con Mónica, la chica que conocí en el aeropuerto de México. Anécdota: ella estaba triste por irse, la consolé. No hubo espacio en el primer vuelo sujeto a disponibilidad. Acabé en el pa de su tía donde me dieron un masaje antes de volar. Nada mal.

Porque sí, suena manido y está de moda decirlo, tan de moda que hasta se está sobrevalorando, pero no deja de ser cierto que viajar sola me ha transformado, me ha empoderado, me ha hecho mejor persona y me ha dado seguridad personal. Me ha vuelto más fuerte y más segura, más capaz.

Y, sobre todo, me ha dado ganas de viajar, ¡viajar más!

Ojalá este libro te ayude a desterrar todos esos «no puedo» tuyos y ajenos; te haga tirar por la ventana las excusas que te impiden salir de viaje y sea como ese torpedo, esa patada en el culo que te impulse hacia tu primer viaje sola. No importa adónde ni cuáles sean tus razones. No importa si te quieres autodescubrir, si solo quieres salir a explorar, o si quieres huir de tu realidad. Porque, sea cual sea el motivo inicial, es mucho lo que un viaje sola te va a dar.

Vamos a por ello, tu primer viaje sola está al otro lado de la puerta, a un avión o un autobús de distancia. Ojalá, al final de todas estas páginas.

EXP
L♥R
ATE.

Quieres viajar sola, lo tienes claro (o casi claro), pero también tienes un montón de dudas, de miedos y de incertidumbre bailando a tu alrededor porque, lo más difícil a la hora de hacer un viaje, sobre todo si es largo, es tomar la ~~dedia~~ decisión.

Es ese momento en el que nos vienen todos los miedos a la cabeza, los prejuicios, la vocecita que nos repite, como Pepito Grillo, todo lo que nos puede llegar a pasar.

Hacer un viaje largo no es solo comprar un billete de avión y lanzarse a la ruta, sino que, primero (y durante), hay que recorrer un camino interno. Un camino de autoconocimiento, de reconocimiento, para detectar cuáles son esos miedos que nos están impidiendo viajar y cuáles son las motivaciones por las que, aun así, queremos hacerlo.

Si estás lista, vamos a ello.

LO QUE NOS HAN ENSEÑADO

Seguro que si has anunciado que quieres viajar sola habrás escuchado todos esos comentarios recurrentes que te dicen que eres una inconsciente, o que estás loca, o que eres muy valiente. Y si ya lo has hecho y has vuelto, te dirán que, además de ser valiente, has tenido suerte.

Aún hoy, que somos casi mayoría las mujeres que viajamos solas, hacerlo parece toda una hazaña y una inconsciencia al mismo tiempo. No es de extrañar, pues en la sociedad en la que vivimos nos siguen dando una educación que nos pone en segundo lugar, que nos adjetiva como vulnerables y que, además, nos cosifica. Ser mujer significa ser débil, necesitar compañía y la obligación de estar siempre bonita.

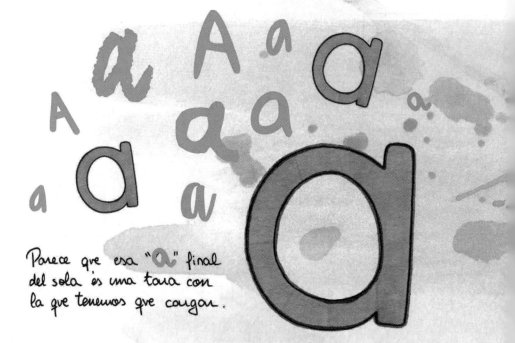

Parece que esa "a" final del sola es una tara con la que tenemos que cargar.

Nos educan así. Nos vemos todas las películas de Disney, nos disfrazamos de princesas, nos enseñan a esperar a ese príncipe azul que venga a salvarnos, a protegernos y a cuidarnos.

Nos regalan muñecos, bebés y cocinitas. Si tienes mala suerte como yo, te regalan un juego de fregona y escoba en miniatura para que juegues a limpiar, entrenándonos desde pequeñas para que seamos las mejores amas de casa.

De adolescentes, leemos revistas imbéciles que nos enseñan cómo vestirnos y maquillarnos, cómo conquistar al chico guapo. Nos dicen que no salgamos por la noche solas, que no volvamos a casa solas, que no viajemos solas, recordándonos en todo momento que es por nuestra seguridad, por todo lo que nos puede pasar.

Cuando algo ocurre nos convierten en culpables, poniendo el foco en lo que hemos hecho mal, en la minifalda que llevábamos, en las horas que eran, en cómo nos hemos comportado. Nos enseñan a sentirnos culpables y a avergonzarnos por lo que nos ha pasado, porque «lo andábamos buscando».

Nos enseñan a complacer al otro en lugar de a nosotras mismas. A ser hijas de, esposas de, amantes de, en lugar de a ser nosotras mismas. Nos explican toda una serie de tareas, un código de comportamiento: no hablar demasiado alto, no ir sin arreglar, no decir una palabra fuera de lugar.

Y, aunque por suerte la sociedad está cambiando, aún nos queda mucho camino por recorrer, muchos prejuicios que desterrar y muchos comportamientos que erradicar. Ya está bien de decir que les pasó eso o lo otro porque viajaban solas, aunque fueran dos. Viajar sola no justifica nada, volver sola a casa, aunque sea borracha y con minifalda, no justifica nada. La culpa no la tenemos nosotras.

Necesitamos alzar la voz y creer en nosotras mismas, demostrar que podemos, que tenemos el derecho y que no deberíamos viajar o vivir en una sociedad que nos enseña a tener miedo.

Es hora de independizarnos de ese aprendizaje, de esa mochila extra con la que nos toca cargar, de todos esos comportamientos aprendidos, y reclamar el espacio que nos pertenece. Ser por y para nosotras, estar a gusto en nuestra piel y viajar, viajar solas, ir a un restaurante a comer solas, dedicarnos tiempo y energía. Complacernos a nosotras mismas antes que a los demás y desterrar de una vez todos esos miedos propios y ajenos, todos esos «no puedo».

Porque podemos, porque es nuestro derecho y porque ya es hora de empoderarnos como personas y como mujeres. Porque sí, somos inestables, a veces depresivas, y, por fortuna, estamos muy locas. Algunas hasta nos atrevemos a salir a la calle solas, a pensar por nosotras mismas, a decidir qué es lo que nos hace felices, a desafiar lo que nos acostumbran a decir y, por supuesto, a viajar solas.

Así que si quieres viajar sola hazlo, no escuches a quien te dice que estás loca, que eres una inconsciente o que el mundo no es para nosotras. Deja salir la versión más libre de ti.

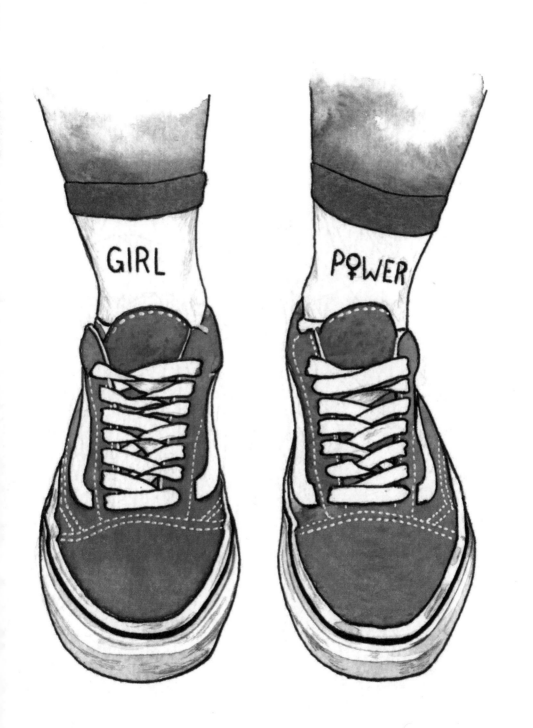

LO QUE TE MOTIVA

Quiero proponerte un juego. Imagina por un segundo adónde te gustaría ir o cómo te gustaría viajar si todos esos miedos y esos riesgos a los que piensas que te vas a exponer viajando sola no existieran.

Imagínate en ese destino con el que fantaseas, viajando en tu medio de transporte favorito. Imagínate de mochilera o viajando en tren, en barco o en furgoneta.

Imagínate en una playa paradisíaca de aguas turquesas y arena blanca, leyendo un libro, bañándote en el mar, haciendo algo de yoga o simplemente sentada a la sombra de las palmeras mientras escribes las historias que has vivido los últimos días. Imagínate viajando en barco y durmiendo con el ruido del mar, recorriendo la selva o en mitad de las dunas.

Imagina la libertad de despertarte cada día sin tener que preguntar a nadie más cuál es el plan. Levantarte en un *hostel* donde la noche anterior ya hiciste varios amigos y salir a recorrer con ellos el lugar, saboreando platos nuevos, visitando tus museos o atracciones favoritas, callejeando en busca de esos lugares inauditos, gastando la batería de tu cámara en todas esas imágenes nuevas para tus pupilas.

Imagínate bailando en Colombia, escuchando la música local andina, recorriendo las tiendas más frikis de Japón o visitando algunas de las cataratas más grandes e impresionantes del mundo.

SEÑOR EN LA HABANA, CUBA

Imagínate subiendo a lo alto de una montaña y contemplando las vistas, quizás llegando a lo alto del cráter de un volcán. Imagínate frente a auroras boreales o viendo una tortuga desovar por primera vez en tu vida. Imagina lo que sentirías al observar delfines y ballenas, o tal vez búfalos o animales que ni siquiera sabías que existían.

Y es que, aunque muchas de estas experiencias parezcan salidas de una novela y al día de hoy las veas muy lejanas, pueden formar parte de tu futuro, un futuro próximo donde, como se suele decir, te conviertas en la protagonista de tu propia película. Porque sí, pueden ser reales, yo he vivido muchas de ellas, así que deja atrás los miedos y los «no puedo» y lánzate a por ellas.

¿SOLA O ACOMPAÑADA?

Puede que la idea de viajar sola te dé respeto y estés pensando en empezar con un viaje acompañada. Puede ser una buena idea, pero serán viajes distintos.

Cuando alguien te acompaña tienes que pactar, tiendes a quedarte en tu propia burbuja y tienes menos contacto tanto con lo local como con el resto de viajeras y viajeros con los que te encontrarás. Aunque si es la primera vez que viajas, te dará seguridad.

VENTAJAS DE VIAJAR ACOMPAÑADA

1. Te sientes más segura.

2. Te será más complicado aburrirte.

3. Se acabaron las selfies.

4. Entre dos los costes se reducen.

5. Puedes repartir el peso.

6. Estrechas lazos con tu acompañante.

7. Dos siempre suman más que uno.

Viajando sola acabarás compartiendo tu tiempo con mucha gente, aunque por periodos más cortos, desde unos días o un par de semanas hasta que vuestros caminos se separan. Además, tendrás mucho más contacto con la gente local y estarás más abierta a interactuar, te verás obligada a salir de tu zona de confort y, de esta forma, aprenderás y crecerás mucho más.

La responsabilidad del viaje será solo tuya, tendrás que tomar tus propias decisiones y escucharte, saber qué es lo que quieres y por qué. Tendrás el tiempo para explorar y, sobre todo, para explorarte.

VENTAJAS DE VIAJAR SOLA

1. Independencia.
2. Más contacto con la gente local, que además te protegerá.
3. Más fácil encontrar alojamiento y transporte gratis.
4. No tienes que rendir cuentas a nadie, tus errores son solo tuyos.
5. Te conoces más, creces como persona.
6. Haces un montón de amigos.
7. Aprovechar más el tiempo (o lo desaprovechas como te de la gana).
8. Aumenta tu autoestima y tu confianza, tu seguridad personal.

¿POR QUÉ VIAJAR SOLA?

Yo no tengo la respuesta a esta pregunta, quisiera decirte que sí, que es para ti, pero la respuesta está dentro de ti. ¿Hay algo que se te remueve por dentro cuando lees alguno de estos textos? ¿Se te enciende la imaginación cuando piensas en otros paisajes? ¿Tienes una libreta con una lista de viajes que quisieras hacer y lugares que te gustaría visitar? ¿Hay algo de tu realidad que no te satisface y tienes la sospecha de que necesitas un viaje, un espacio, un tiempo?

Yo no puedo tomar las decisiones ni hacer los cambios por ti, no puedo viajar por ti. Dependiendo de tu contexto, emprender un viaje sola va a significar romper con más o menos cosas. Va a significar hacer un cambio desde dentro y empezar a escucharte a ti misma, así que, si no estás dispuesta a ello, mejor no sigas leyendo. Si, aun teniendo dudas, quieres viajar sola y estás preparada para trabajar y dar la mejor versión de ti aunque a veces dé miedo, vamos a ello.

Hagamos un ejercicio que, aunque a primera vista parece sencillo, te dará que pensar, y es que, cuando pasamos las ideas al papel, estas toman forma y se ven con mayor claridad. Coge el lápiz y escribe las razones por las que te gustaría emprender tu primer viaje. Es importante que pienses, de verdad, por qué quieres hacerlo, qué es lo que crees que te puede aportar viajar sola. Se trata de buscar y escuchar dentro de ti para saber cuáles son las verdaderas razones que te impulsan a emprender esa aventura.

Puede que, como se oye mucho decir, quieras viajar sola para explorarte o empoderarte. Puede que, simplemente, te hayas aburrido de tu rutina y de tu trabajo. Quizás quieras cumplir un sueño de infancia o que necesites huir de algo. Puede que quieras explorar una nueva forma de vida, conocer esa cultura que tanto te llama o practicar inglés o cualquier otro idioma. No hay razones mejores ni peores, pero saber cuáles son las tuyas te ayudará a tener más claro el viaje y a impulsarte.

Busca un espacio en el que te sientas cómoda, date un paseo, abre una cerveza o vete a escribirlas al borde del mar. Escríbelas todas, por tontas que parezcan, porque saber de dónde partes es fundamental para saber qué rumbo tomar.

MIS MOTIVOS

1. Quiero...

2.

3.

Te miras al espejo, ves tu cara, esa misma que ves todas las mañanas y ves tus ojos, tu mirada, ese brillo que se enciende, que te dice que lo hagas. Mira, mira bien, búscalo. Deja de mirar las imperfecciones, ese punto negro de la nariz, esas cejas demasiado gruesas o demasiado delgadas. Está ahí, tu mirada, y te habla.

LO QUE TE FRENA

¿Ya tienes tus respuestas? ¿Todas, todas? No te dejes ninguna porque, ahora sí, es el momento de escribir la lista de los contras. De averiguar por qué, si tienes tantos motivos para viajar sola, aún sigues posponiendo el viaje, convenciéndote de que no es el momento, de que no tienes suficiente dinero, tiempo o todas esas excusas que nos ponemos.

Escribe todas las razones que te impiden emprender tu primer viaje. Tómate de nuevo el tiempo para reflexionar y buscar dentro de ti, no te quedes en lo superficial, responde de verdad y con sinceridad.

¿Ya tienes tu lista? ¿Cuántas cosas te impiden en este momento viajar sola? ¿Cuáles de ellas son razones reales y fundamentadas y cuántas son ideas o sentimientos de los que te has o te han ido convenciendo?

POR QUÉ NO ME ATREVO

1.

2.

3.

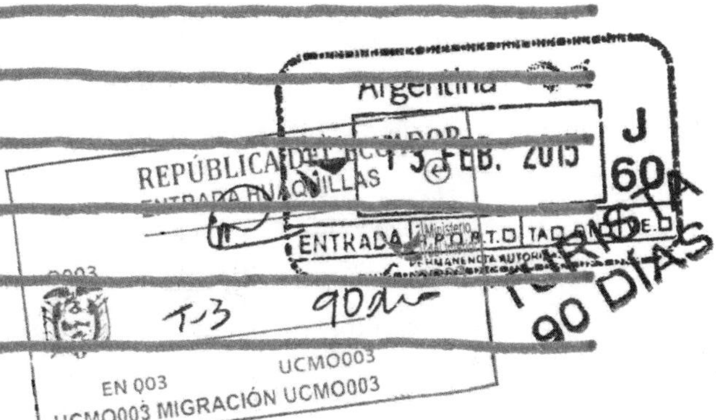

LOS MIEDOS

Estoy casi cien por cien segura de que la mayoría de las razones que acabas de escribir tienen un componente de miedo. Lo más probable es que detrás de cada razón esté el miedo.

El miedo es como la sombra que nos persigue siempre, recordándonos dónde estamos y de qué lado nos pega el sol. Bien gestionado, puede ser una potente herramienta porque, como se suele decir, al otro lado del miedo está lo que tanto queremos. Cuando algo te da miedo es porque realmente deseas hacerlo.

Por ejemplo, este texto. He estado días procrastinando, evitando sentarme a escribir estás páginas, porque la realidad es que me daba miedo que este puñado de palabras no estuviesen a la altura, no fueran lo que esperabas. Pero si hubiese escuchado a mis miedos, ahora no me estarías leyendo.

Son muchas las cosas que dejamos de hacer por culpa del miedo, siempre es más fácil quedarnos dentro de nuestra zona de confort, apostar por lo seguro. Elegir no destacar por el miedo a fracasar. Pero quien no fracasa no aprende, y quien no lo intenta no gana.

Por eso, con el miedo hay dos opciones, escucharlo y hacernos bolita en la cama mientras vemos otro capítulo de Netflix, o enfrentarlo con todas las armas y ganas y, entonces, comprobarás que sale corriendo.

Y sí, entiendo que te dé miedo viajar sola. Somos muchas las miedosas, así que bienvenida al club. Yo, a día de hoy, después de todos los viajes que he hecho, aún sigo sintiendo ese nudo en el estómago cada vez que me voy de viaje, cada vez que compro un vuelo. Ese es el indicador que me dice que, al otro lado, va a empezar una gran aventura y que de ella voy a volver no solo más fuerte, sino más segura y con más confianza después de haber sacado la lengua al miedo y haberle dado la espalda.

Piensa en tus miedos, en los que te surgen a la hora de viajar sola y los que aparecen en tu vida diaria. Imagina cómo serían o las cosas que harías si dejaras de escuchar el miedo, si te atrevieras, si lo intentaras.

no es valiente aquel que no tiene miedo,
sino el que sabe conquistarlo.
Nelson Mandela

Los miedos son algo muy personal. Cada una tiene los suyos y, quizás, lo que a mí me asusta a ti te parezca una nimiedad.

Pero, después de vivir mi propia experiencia, de escuchar a las viajeras que he conocido en el camino y de leer todos los *e-mails* que he recibido a través de *Lápiz Nómada*, mi blog, he comprobado que son varios los miedos que se repiten con frecuencia. Puede que los tuyos sean distintos o tengan otros matices, pero por lo general estos son los más comunes a los que nos enfrentamos la mayoría de viajeras:

Las lagunas de Sud Lípez, BOLIVIA 2015

En la Isla del Pez, Salar de Uyuni, Bolivia

Señor que nos invitó
a comer en Hue, Vietnam.

MIEDO A QUE ME PASE ALGO MALO

Uno de los principales miedos es la seguridad. Hemos escuchado tantas historias en los periódicos y en los telediarios que pensamos que si nos atrevemos a ir más allá de la esquina, vamos a acabar violadas, raptadas o hasta asesinadas, como la mayoría de la gente disfruta recordándonos (en general, gente que no ha viajado).

Lo cierto es que no te puedo asegurar que no vayas a correr ningún riesgo, pero, como se suele decir, una bomba hace más ruido que mil sonrisas, y aunque sí que existen casos, es algo que te puede pasar en tu barrio, en tu ciudad o en el otro lado del planeta. Nadie te puede asegurar que no te pase el próximo sábado, al volver de una fiesta. Además, justamente porque la gente nos cree más vulnerables, son también muchas más las manos que se tienden. Comprobarás cómo la gente trata de ayudarte y te da muchas más facilidades.

Si viajas con las precauciones adecuadas, el riesgo al viajar sola es casi el mismo que el que corres ahora. Apaga la tele y, si quieres opiniones, pregunta a quien haya estado, en lugar de hacer caso al telediario o a quien nunca ha viajado.

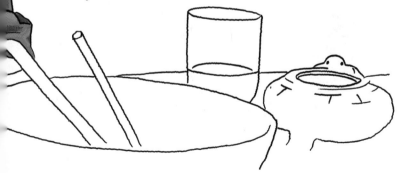

MIEDO A ENFERMARME

Cuando pensamos en un viaje largo, sobre todo si es a países lejanos y exóticos, nos vienen a la cabeza todas esas enfermedades que podemos contraer, ya sea debido a la picadura de un mosquito, a los alimentos en mal estado o cualquiera quién sabe por qué. Y lo peor, si viajamos solas no tendremos a nadie para cuidarnos.

Lo mejor en estos casos es la prevención y contar con un buen seguro de viaje. Si estás cubierta, no importa que te pique una abeja o que te dé una fuerte diarrea, que, con la atención debida, el mal trago pasará en solo unos días.

Puesto callejero. Camino de Puyo, Ecuador.

En mis viajes lo peor que me ha pasado ha sido una picadura que me dio alergia y una fuerte conjuntivitis, pero ambas pasaron en solo unos días gracias a las medicinas y al cariño de la gente que conocí en el camino.

Anonima de la muerte con conjuntivitis en
el norte de Argentina.

MIEDO A QUEDARME SIN DINERO

Otro miedo muy frecuente es el de quedarte sin dinero en mitad del viaje. Esto puede llegar a pasar por una mala gestión del mismo (no olvides ir controlando el balance de tus cuentas), pero, sobre todo, se fundamenta en que, cuando calculamos el presupuesto para un viaje, solemos multiplicar el dinero que nos gastaríamos en una o dos semanas de vacaciones por las semanas o meses que queremos estar viajando.

Cuando haces un viaje largo, viajas más despacio y, por tanto, los costes se reducen. Personalmente, he comprobado que gasto menos de viaje que en casa, porque no tengo que pagar alquiler, ni gasolina, ni todos los caprichos que me doy para escapar de mi rutina. Los gastos se reducen a transporte, alojamiento, comida y alguna cerveza.

Además, siempre puedes hacer voluntariados o trabajar por el camino. Te sorprenderás de lo poco que se necesita para viajar y de cómo una espabila en la ruta para gastar lo mínimo. Así que ahorra un colchoncito y lánzate a viajar.

Un plato de comida en el Sudeste
Asiático puede costarte menos de 2€,
en algunos países de Sudamérica puedes
comer un menú por menos de 3€.

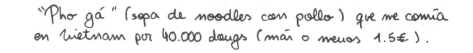

"Pho gá" (sopa de noodles con pollo) que me comía
en Vietnam por 40.000 dongs (más o menos 1.5€).

SEÑORA INDÍGENA
EN SAPA, VIETNAM

MIEDO A DECÍRSELO A TU ENTORNO

¿Les has dicho a tu familia y a tus amigos que te quieres ir a viajar sola? Seguramente hayan intentado desanimarte, recordándote todo lo que te puede pasar, convenciéndote para que te quedes, para que pienses en tu futuro, en todo lo que vas a perder y a dejar atrás. Y lo más probable es que, si no estás del todo segura, consigan desalentarte.

Pero recuerda, vida solo tenemos una y el mejor momento para hacerlo es ahora. Nunca serás más joven ni tendrás más energía, así que deja de escuchar a los demás y si quieres viajar sola, hazlo.

Es tu vida, solo tuya, y no sé tú, pero yo, cuando llegue a vieja, quiero mirar atrás y arrepentirme más de lo que hice que de lo que dejé de hacer y, sobre todo, no culpar a los demás por aquello que quise hacer y a lo que renuncié.

Así que rodéate de gente positiva, habla con otros viajeros, lee blogs de viajes que alimenten tus ganas de viajar en lugar de escuchar los miedos de los demás. Si ellos no quieren viajar, que no lo hagan, pero este es tu momento, así que no dejes tu sueño en *standby*.

Y no te preocupes, cuando vuelvas, todo seguirá igual, solo que tú habrás cambiado y serás más fuerte, más resolutiva y tendrás más confianza personal, y los demás lo notarán. Las oportunidades laborales seguirán, la vida continuará, pero a ti nadie te habrá quitado lo *bailao*.

Si sigues pensando que te van a convencer, cuéntaselos cuando tengas todo reservado y el vuelo comprado, así seguro que no te echas atrás ;)

MIEDO A SENTIRME SOLA

Despertar en soledad en un pueblo extraño es una de las sensaciones más placenteras de este mundo.
Freya Stark.

Otro de los miedos más comunes, sobre todo si no estás acostumbrada a pasar mucho tiempo en solitario, es el de sentirte sola, al otro lado del planeta, sin poder contar con tu familia y tus amigos.

Tengo dos buenas noticias. Como te decía, viajando sola vas a interactuar mucho más, tanto con otras viajeras y viajeros como con la gente local, así que lo cierto es que, cuando viajas por tu cuenta, lo que más cuesta es estar sola.

Por otro lado, hoy en día, con las nuevas tecnologías, es superfácil estar en contacto con los tuyos. Solo tienes que comprarte una tarjeta del país al que vas y podrás estar siempre conectada a un whatsapp de distancia o a una llamada por Skype.

Si aun así te da respeto, una buena idea para empezar el viaje es apuntarte a un voluntariado o a alguna actividad, como un curso de buceo o alguna excursión. Así sabrás que hay alguien esperándote y los primeros días te serán mucho más fáciles. Además, los *hostels* de mochileros son siempre un lugar estupendo para conocer a otros viajeros, solo tienes que perder el miedo a hablar.

Estos son los principales miedos, y estoy segura de que tienes más, y de que, si finalmente te decides a emprender tu primer viaje sola, los miedos vendrán con todas sus fuerzas y todas sus armas, el nudo en el estómago crecerá y las manos te sudarán. Pero no olvides que son solo eso, miedos, y que no deben impedirte perseguir tus objetivos ni alcanzar tus sueños.

Y no, no todo en un viaje es rosa ni brilla como la purpurina. Puede que alguna vez enfermes, que recibas algún piropo desagradable, que quizás en algún momento te pierdas y que un día de diez, te sientas sola durante un rato. Pero eso es también parte de un viaje y es lo que lo hace tan valioso, porque ahí es donde está el aprendizaje.

CHOLITA VENDIENDO E HILANDO
EN UN MERCADO DE LA PAZ, BOLIVIA

¿POR DÓNDE EMPEZAR?

LA PRUEBA PILOTO

En lugar de empezar la casa por el tejado, te propongo algo: empezar con una toma de contacto, con una prueba piloto, unos días de viaje en solitario que pueden ser al pueblo de al lado.

Lo importante es que pruebes cómo te sientes viajando sola y que empieces a poner en práctica los consejos que encontrarás en la segunda parte del libro, para que así, cuando te animes a emprender un viaje más largo, vayas sobre rodado.

Sería ideal que te fueras al menos una semana, pero si no tienes el tiempo aprovecha al menos un fin de semana o un puente largo. Elige un destino cercano o alguno que esté a un par de horas de avión, reserva alojamiento para las primeras noches, a poder ser en un *hostel*, en Couchsurfing o en alguna otra plataforma donde te veas obligada a compartir un espacio común y a convivir con otros viajeros.

Investiga un poco qué te gustaría explorar o visitar antes de llegar, pero deja espacio para la improvisación. No se trata de que te hagas un itinerario apretado como si se tratase de un viaje organizado.

Pasea, explora, siéntate en algún lugar a comer sola. Visita un museo, apúntate a una excursión, haz una ruta natural o comparte con otros viajeros una noche en un hostal.

Haz la mochila, aunque sea para un par de días, porque la que vas a necesitar para un viaje largo será muy similar.

Atrévete a tomar un transporte sola, planea la ruta, busca alojamiento y sé capaz de llegar a él; anímate a conocer a otros viajeros y experimenta cómo te sientes al caminar sola por una nueva ciudad o al tener la libertad de decidir sin consultar a nadie más.

Se trata de que hagas una pequeña toma de contacto para explorar los estados de ánimo que experimentas viajando sola y, sobre todo, para que te des cuenta no solo de que eres capaz, sino de que es bastante más sencillo de lo que estás pensando.

Jueves 1 septiembre 2018

Cierro los ojos, me dejo llevar por el
traqueteo del tren. Los paisajes pasan al
otro lado de la ventana igual que se me
pasan los veranos. Las emociones cambian
igual que cambian los colores del paisaje,
de una gama de verdes intensos a esta
paleta de amarillos, ocres y naranjas,
igual que mi surtido de emociones y de
ganas.

Me gusta observar a la gente a mi
alrededor, registrarlo todo con la mirada
antes de que llegue el momento de bajar
en la estación y pasar a la acción.

Tengo ganas de mar y calor, de dejar
que el sol me pinte la piel y me nazcan
las pecas, que el viento me mezca el
pelo y mi imaginación se llene de historias
nuevas. De dejar atrás los días de lluvia
y de estufa, de escuchar ese acento sureño
que tanto me hace sonreír. Y perderme
por las calles aún sin nombre y ver la
vida que cuelga de los tendales y de los
balcones. Sentarme en una plaza cualquiera
igual que hoy sentada en este tren al
que cada minuto le queda un poco menos
para llegar.

"La aventura va a empezar." ♡

DIARIO DE VIAJE

El diario me enseñó que es en momentos de crisis emocional que los humanos se revelan a sí mismos con más precisión. Aprendí a elegir los momentos más intensos porque esos son los momentos de revelación.

Anaïs Nin

¿Ya has planeado adónde vas a ir o qué viaje vas a hacer para tu prueba piloto? Una vez que estés a punto de partir, busca en casa algún cuaderno con páginas en blanco o vete a la librería a comprar uno bonito.

El objetivo es que lleves un pequeño diario de viaje durante tu prueba piloto. En este diario debes escribir al menos una vez al día, pero puedes hacerlo más veces si te apetece.

Puedes escribir en él antes de dormir. Puedes escribir a media mañana o a media tarde, sentarte en una cafetería y disfrutar de un té o un café. Puedes sentarte en un parque o frente a un bonito paisaje. Tú eliges el momento y el lugar en el que te sientas cómoda.

1. Fecha y lugar en el que estoy.

2. Cómo me siento en este momento: ¿estoy contenta o triste?, ¿siento melancolía, soledad, o me siento dichosa y con felicidad? Trata de pensar en cómo te sientes y descríbelo.

3. ¿Qué otros sentimientos has experimentado hoy? Describe cómo te has sentido durante el día.

4. ¿He tenido algún miedo? Piensa si en algún momento del día has pasado miedo y por qué. Piensa si ha sido justificado o al final solo era una «construcción» y nada malo pasaba.

5. Piensa qué has dejado de hacer hoy a lo largo del día por miedo o inseguridad.

6. ¿Qué es lo que hoy te ha hecho más feliz? ¿Por qué?

7. ¿De qué te sientes orgullosa en el día de hoy?

8. ¿Qué has hecho para ti?

9. El mejor momento del día.

10. ¿Qué le dirías hoy a esa tú del pasado que no quería viajar sola?

Responde diariamente cada una de estas preguntas (o las que te surjan).
Escribe cuanto sea necesario, deja salir las palabras. Si las preguntas te
llevan a nuevas preguntas, contéstalas también, y si no tienen respuesta,
escríbelas.

Registra y reflexiona acerca de qué cosas te han hecho sentir mal o te han
provocado miedo y por qué. Del mismo modo, qué cosas te han hecho feliz
o te han hecho sentir bien contigo misma y cómo te has sentido en general
viajando sola.

Te servirá para poner en orden las ideas y emociones a lo largo del día
y además podrás releerlo de vuelta a casa como una motivación para tu
próximo viaje.

We write to taste life twice, in the
moment and in retrospect.
Anaïs Nin

EXPLORA EL
MUNDO

Ya has hecho la prueba piloto y has decidido que sí, que viajar es para ti. Que quieres viajar lento, viajar local, viajar para conocer y para conocerte mientras caminas, para exprimir lo que un viaje te puede aportar. Que buscas algo más que irte una semana o 10 días con un apretado itinerario y una lista gigante de cosas que ver y que hacer, de fotos que sacar para postear en tu Instagram.

Pero a pesar de la toma de contacto, sigues sin saber cómo organizar un viaje largo. Qué destino elegir, qué documentación necesitas, en qué transportes viajar o en qué alojamientos te vas a quedar.

Hacer la mochila para un viaje largo te parece un desafío titánico y, aunque deberías contar con un seguro de viaje, no sabes cuál elegir. Quizás te gustaría hacer un voluntariado pero no tienes claro cómo empezar a buscarlo y otra vez sientes que empiezas la casa por el tejado.

No te preocupes, vamos a explorar todas las opciones y todo lo que necesitas para preparar un viaje. Desde la información más práctica hasta los recursos y aplicaciones que te ayudarán mientras viajas. Si quieres subraya, anota o tacha, que aquí va.

¡HASTA EL INFINITO Y MÁS ALLÁ! ♡

*Nuestro destino nunca es un lugar,
sino una nueva forma de ver las cosas.*
Henry Miller

EL DESTINO

¿Ya sabes adónde te gustaría ir?
Elegir el destino es, sin duda, lo primero
que debes hacer a la hora de planear tu viaje.
No debería ser una elección difícil, aunque
dependerá del tiempo que tengas, del
presupuesto y, sobre todo, de tus intereses
personales y del tipo de viaje que quieres hacer.
Si buscas ciudades, playa o montaña. Si quieres poder
comunicarte en español o en inglés o vivir la aventura
de valerte de las señas y de Google Traductor.

Algunos países tienen una cultura similar y otros te chocarán, para bien o para mal. Hay países que están muy preparados para el turismo y otros que son más complicados para las mujeres que viajan solas, como India, donde los hombres pueden ser muy pesados, o como los países islámicos, donde la figura de la mujer tiene otro papel.

Si tienes menos de 10 días, lo ideal es que te vayas a algún destino cercano para aprovechar mejor el tiempo. Si tienes al menos tres o cuatro semanas, realmente puedes irte a la parte del planeta que te dé la gana.

Algo importante que debes tener en cuenta es el presupuesto: no es lo mismo viajar un mes por Estados Unidos, Canadá, Oceanía, el norte de Europa o algunos países de África, que son muy caros, que hacerlo por la mayoría de países de Sudamérica o del Sudeste asiático, que son bastante más baratos.

Haz las cuentas, mira cuánto dinero tienes, si vas a hacer voluntariados o te estás planteando generar dinero mientras viajas, cuánto tiempo quieres viajar y cuál es el costo diario del país o los países a los que quieres ir, así podrás decidir qué destino es mejor para ti.

Otra cosa importante es revisar la documentación. ¿Necesitas algún tipo de visa? ¿Puedes viajar solo con tu pasaporte? ¿Cuánto tiempo puedes estar? En algunos países hace falta solicitar y pagar un visado por adelantado, en otros puedes hacerlo al llegar. En algunos puedes estar un mes, en otros tres y en algunos hasta seis, así que investiga antes en la página web de cada embajada para no llevarte sorpresas imprevistas.

Por último, es importante investigar la coyuntura política del país al que quieres ir, su nivel de seguridad y la estación del año en la que irás, para no verte enfrascada en mitad de una guerra o de la temporada de monzones. Pero recuerda que el mundo no es como lo cuentan los telediarios y que con un buen chubasquero no hay agua que valga.

Métete en Internet, lee blogs de viajes, investiga en las páginas de turismo de cada país, lee libros y novelas y pregunta a otras viajeras que hayan estado para empezar a marcar en el mapa el destino, o los destinos, al que quieres ir.

EL PRESUPUESTO

Calcular el presupuesto de un viaje largo quizás sea uno de los puntos más complicados. No es lo mismo hacer un viaje de 10 días al que vas con todo reservado que hacer un viaje en el que te tocará ir improvisando, igual que no es lo mismo hacer un viaje de mochilera que quedarse en hoteles de 5 estrellas.

Aun así, hay algunos puntos que te ayudarán a definir un presupuesto base, aunque no está de más tener un colchoncito por si acaso.

1. El primer gasto que tienes que tener en cuenta es el desplazamiento al destino elegido. ¿Vas a volar, vas a coger un autobús, vas a ir en transporte propio? Si has elegido un destino lejano, el avión representará un gran gasto, pero puede que merezca la pena si el coste de vida no es alto. Por ejemplo, si viajas al Sudeste Asiático te será caro llegar, pero el alojamiento y la comida serán muy baratos.

2. El segundo punto es el coste diario, cuánto vas a gastar por día, donde tendrás que tener en cuenta básicamente el alojamiento y la comida.

   Hay muchas formas de ahorrar en alojamiento, como te explico más adelante, pero es importante que investigues el precio de una noche de hotel o de hostal en el país al que vas. En Vietnam o Tailandia, por ejemplo, puedes encontrar *hostels* desde 3€, mientras que en Europa te costará encontrar una habitación compartida por menos de 10€. También tienes que pensar qué nivel de comodidad buscas, si vas a dormir en habitaciones compartidas o si quieres una para ti solita.

3. El tercer gasto a tener en cuenta es el transporte en el destino elegido. Conviene averiguar los precios de las distintas opciones. No es lo mismo viajar en autobús de primera clase que hacerlo en uno de tercera, igual que no tiene el mismo precio la gasolina en Francia que en Irán. Si vas a hacer autostop, el gasto en transporte será cero, mientras que si coges Uber o taxis te gastarás gran parte de tu presupuesto en desplazarte.

4. Por último, tienes que sumar el gasto de las visas (si las necesitas), el precio de tu seguro de viaje, las actividades que quieres realizar (entradas a museos, a templos, excursiones organizadas, safaris, cursos de buceo, etc.), los caprichos que te vas a dar o las cervezas que planeas tomar. Y, por si acaso, siempre está bien dejar un pequeño margen para los imprevistos que puedan surgir en el camino.

CÓMO LLEVAR EL DINERO

Lo mejor es llevar una pequeña parte en efectivo, ya sea en dólares o en euros, que puedes cambiar en una casa de cambio, en un banco o al llegar al aeropuerto. Yo suelo llevarlo en una pequeña bolsita que guardo en el sujetador para no perderla.

Además, lo mejor es tener más de una cuenta bancaria con sus respectivas tarjetas y guardarlas en distintos sitios, de forma que si pierdes o te roban una, aún tengas otra u otras más para no quedarte tirada.

Hoy en día han surgido varios bancos *online* que son muy interesantes para viajar, como Ferratum Bank, Revolut, N26, Bnext... Estos te permiten sacar dinero gratis y sin apenas comisión en cualquier parte del mundo, y puedes cancelar y volver a activar la tarjeta desde tu teléfono, así como hacer transferencias de uno a otro con solo un clic.

LA DOCUMENTACIÓN

Lo normal es que puedas viajar a casi todos lados con tu pasaporte, pero, dependiendo de tu nacionalidad, para algunos países necesitarás tramitar un visado, ya sea a tu llegada o con anterioridad.

Para la mayoría de países tendrás que cumplir ciertos requisitos, sobre todo si entras por aire, como que tu pasaporte tenga una vigencia mínima de seis meses, que tengas un vuelo de salida, alojamiento reservado para los primeros días o dinero suficiente para tu estadía. Para unos pocos te exigirán ciertas vacunas, y para los más difíciles necesitarás una carta de invitación. Por eso, antes de comprar el billete de avión averigua en la página de la embajada los requisitos para entrar y cuánto tiempo te permiten estar.

Además, no olvides llevarte varias fotocopias de tus documentos y una copia de los mismos guardada en tu *e-mail*, una copia de tu seguro de viaje y un par de fotos de carnet por si tienes que solicitar un visado.

Si conduces, solicita el carnet de conducir internacional en la oficina de tráfico más cercana, y si necesitas alguna vacuna especial lleva la cartilla de vacunación. No olvides el carnet joven o los carnets de descuento si los tienes, los profesionales si eres periodista o profesora, o tu licencia de buceo u otras licencias si planeas realizar alguna actividad para la cual las vayas a necesitar.

EL TRANSPORTE

Hay muchas formas de viajar. Hay quien viaja haciendo dedo, en bici, en moto o en furgoneta. Hay quien viaja en autobuses locales, en tren, en velero, haciendo *barcostop*, o hasta quien lo hace caminando (sí, hay gente que ha dado la vuelta al mundo paso a paso). Una vez hasta conocí a un chico que planeaba recorrer gran parte de África en globo aerostático.

El medio o los medios de transporte que elijas definirán mucho tu viaje, los tiempos del mismo y también tu presupuesto. Por eso es importante que decidas cuál es el que va más contigo. Si te decides a viajar en transporte propio (coche, moto o furgoneta), podrás viajar a tu ritmo y conocer lugares donde el resto de transportes no llegan. Si decides viajar en transporte público, podrás interactuar más con la gente local, cruzar países con más facilidad y no preocuparte por dónde aparcar.

Aquí va una recopilación de las formas de desplazamiento más habituales con sus respectivas ventajas y desventajas para que decidas cuál te gusta más.

Y no olvides que, a no ser que viajes con tu propio medio de transporte, siempre puedes ir alternando entre uno y otro.

AL OTRO LADO DEL MUNDO EN AVIÓN

El avión es, sin duda, uno de los medios de transporte más rápidos para las distancias largas, y también suele ser de los más caros (excepto cuando encuentras una superganga). Seguramente sea el elegido para empezar el viaje si vas a algún destino lejano. En ese caso, lo mejor es que te olvides de las agencias de viajes y busques el vuelo con antelación en páginas como Skyscanner, donde, además, si tienes flexibilidad, puedes buscar la fecha más barata.

Por mi parte, solo aconsejarte que si planeas hacer un viaje largo, no compres un billete de regreso, porque puede que luego quieras quedarte más tiempo o que cambies de itinerario y, si ya tienes la vuelta, perderás la libertad de ir improvisando. Si necesitas un vuelo de salida para entrar al país, puedes comprar el más barato que encuentres al país vecino sabiendo que lo vas a perder, o comprar un vuelo que puedas cancelar.

(LOS AVIONES SON UN BUEN SITIO PARA ESCRIBIR, PARA REFLEXIONAR SOBRE EL TIEMPO Y EL MOVIMIENTO)

'TAMBIÉN PUEDE → SER UN MAR

→ O PARA SIMPLEMENTE CONTEMPLAR LAS NUBES PASAR ☁

ESTO ES UNA NUBE, NO UN CROISSANT.

A VE
↗ FLAS

ME GUSTA VER EL MUNDO DESDE LA VENTANA DE UN AVIÓN, PERO ODIO PERDER EL TIEMPO EN LOS AEROPUERTOS ◁

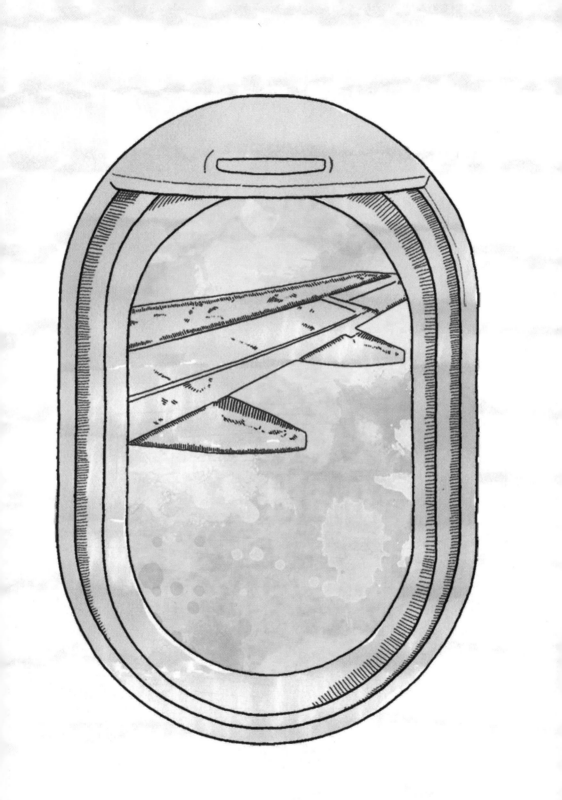

EL AUTOBÚS, LA GUAGUA, EL BONDI, LA CHIVA, LA FLOTA O EL YUTONG

Tanto si no vas a irte muy lejos y planeas viajar por tierra, como si has volado al otro lado del planeta y necesitas moverte, el autobús es siempre una buena opción: desde los autobuses de larga distancia hasta los autobuses locales.

Algunos son más cómodos y más caros, y otros más incómodos y baratos. Los hay diurnos y nocturnos, estos últimos bastante prácticos, ya que no solo te permiten desplazarte, sino, además, ahorrarte una noche de hostal.

Si planeas recorrer largas distancias en autobús, lo mejor es que busques por Internet, donde posiblemente encontrarás los mejores precios. Para las rutas cortas, te tocará coger un autobús local, algo que, dependiendo del país, puede ser bastante caótico, ya que seguramente no encuentres los recorridos ni los horarios en ningún lado. En ese caso, lo mejor es preguntar a la gente local.

Y si dejas tu maleta en el maletero, no olvides echarle un ojo en las paradas para evitar robos.

NO DEJES QUE SE TE PASE EL TREN

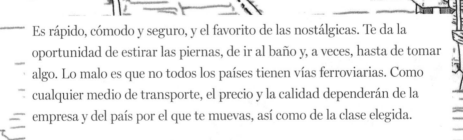

MERCADO EN BANGKOK ↓

1202   1202

Es rápido, cómodo y seguro, y el favorito de las nostálgicas. Te da la oportunidad de estirar las piernas, de ir al baño y, a veces, hasta de tomar algo. Lo malo es que no todos los países tienen vías ferroviarias. Como cualquier medio de transporte, el precio y la calidad dependerán de la empresa y del país por el que te muevas, así como de la clase elegida.

A tener en cuenta, los pases especiales que te permitirán viajar un cierto tiempo dentro de un país o una zona concretos las veces que quieras: el Interrail, en Europa, el USA Rail Pass y el Japan Rail Pass son algunos ejemplos.

MI COCHE Y YO

Viajar en transporte propio tiene sus ventajas y sus desventajas. Por un lado, te permite diseñar tu propia ruta, con tu propio horario y llegar a lugares que muchas veces están fuera del circuito turístico. A veces incluso visitar sitios en los que no hay ningún tipo de transporte local.

Además, tendrás un sitio donde guardar las cosas y, ante una mala circunstancia, un lugar donde dormir, por no decir que puedes llevarte una tienda de campaña o un hornillo de gas para cocinar, lo que, además de darte mucha libertad, reduce de forma notable los gastos de alojamiento y alimentación.

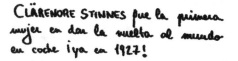

CLÄRENORE STINNES fue la primera mujer en dar la vuelta al mundo en coche ¡ya en 1927!

Por otro lado, viajar en coche puede resultar muy caro en los países donde el precio de la gasolina es alto, eso sin contar con los problemas mecánicos que puedas tener (unas nociones de mecánica son básicas), el precio del seguro del coche y, dependiendo de los países que transites, el Carnet de Passage, una especie de pasaporte para el vehículo que te obliga a congelar un mínimo de 3.000€ en la RACE antes de irte de viaje.

EL SUEÑO DE VIAJAR EN FURGONETA O AUTOCARAVANA

Tienen casi las mismas ventajas y desventajas de un coche, solo que mayor tamaño. Aquí no te hará falta ni el hornillo ni la tienda de campaña, porque lo bueno de las furgonetas y las autocaravanas es que puedes viajar con todo lo que tienes en casa. Allá donde vayas tendrás una cocina y una cama. Tendrás electricidad y agua. Un lugar donde guardar tus cosas y espacio para llevarte todo lo que necesites, por no hablar de la libertad de ir y de dormir donde te plazca.

Lo malo es que los costes se incrementan, el consumo de gasolina aumenta, así como el precio del seguro, sin olvidar el precio del propio vehículo. Además, no siempre es fácil conducir por todas las carreteras debido al peso y al tamaño, y aparcar puede conllevar bastante dificultad, sobre todo en las ciudades.

CONVIÉRTETE EN UNA VIAJERA MOTERA

De las cuatro a las dos ruedas. Bienvenida a la libertad de viajar en motocicleta, de sentir el viento en la cara y recorrer hasta los pequeños caminos de tierra.

Las ventajas: tendrás tu propio vehículo, podrás hacer la ruta que quieras y salir a la hora que te vaya mejor. Consume menos que un coche o una furgoneta, el seguro tiene menor coste y es más fácil de aparcar. Las desventajas: estarás expuesta a las inclemencias del clima, tendrás menos espacio para llevar tus cosas y la seguridad será menor.

Si quieres viajar en moto, lo ideal es una de cuatro tiempos. No hace falta que tenga mucha potencia, con una de 125 caballos podrás llegar a cualquier lado. Cómprate un traje con protecciones, guantes y un buen casco. Ponle un par de baúles para el equipaje y lleva un bidón de gasolina extra.

Y si buscas inspiración, son muchas las viajeras moteras. Alicia Sornosa o Guada Araoz de *Hasta pronto Catalina* son solo un par de ellas. Yo misma he recorrido Vietnam en una Honda Win que compré allí este último verano.

ALICIA SORNOSA EN SU ~~SALSA~~ (SU MOTO)

DISFRUTA DEL PAISAJE EN BICICLETA

¿Te gustaría recorrer el mundo en bicicleta? ¿Ir viendo cómo cambia el paisaje por tierra, pueblo a pueblo y kilómetro a kilómetro? La bicicleta puede ser un medio de transporte ideal si te gusta viajar despacio y pedalear.

Viajar en bicicleta te permitirá relacionarte con el lugar y con la gente local a un ritmo en el que tanto el cuerpo como la cabeza tendrán tiempo para asimilar los cambios, en lugar de aterrizar de pronto en un sitio en horas intempestivas, fuera de contexto y sin apenas tiempo de adaptación.

Es un medio de transporte lento, sí, pero también barato. Te obligará a plantificar bien la ruta que quieres hacer y los tiempos de esta, sobre todo para no quedarte en mitad de ninguna parte. En ese caso, es importante que viajes con una tienda de campaña para que, si no logras llegar a tu destino a tiempo, tengas un sitio donde poder pasar la noche.

Unas pocas herramientas básicas y una cámara de recambio te permitirán seguir si tienes un pinchazo. Y no olvides entrenar un poco antes de salir de viaje, porque, si no, los primeros días no solo acabarás cansada, sino también adolorida.

Cristina Spínola recorrió el mundo en bicicleta durante tres años. Lo cuenta en su libro "Sola en bici" y en su blog.

RECORRE EL MUNDO HACIENDO AUTOSTOP

Sin duda el autostop es uno de mis medios de transporte favoritos, al que le tengo más cariño. Haciendo dedo recorrí gran parte de Sudamérica y algunas de las mejores anécdotas de mi viaje me las regaló toda la gente que conocí en la ruta.

Gente que, además de llevarme de un punto a otro, compartió conmigo un poco de su vida, de su historia. Que me invitó a comer, a dormir, y que, a veces, hasta me llenó la mochila de provisiones para el resto del camino.

Y es que, al viajar a dedo no solo ahorras en transporte (hacer autostop es gratis), sino que además te relacionas con gente local de todos los niveles sociales e ideologías, y ves pasar el paisaje por la ventana mientras vas aprendiendo sobre los lugares que transitas. Cuál es la comida local, qué fiesta se celebra y cuándo, cuál es la historia de todas esas tierras.

Conversaciones personales, charlas sobre política, fútbol, historia, cultura o hasta las más divertidas anécdotas. De esta forma puedes entender mejor el lugar y tener un contacto más profundo con la gente y la cultura.

Y sí, cuando dices que viajas sola, la gente piensa que estás loca, y cuando dices que haces autostop, lo piensan mucho más. Siempre imaginamos que nos toparemos con el loco del pueblo que parará en una cuneta y nos violará. Según mi experiencia, nada más lejos de la realidad. Justamente por esa creencia, la gente que me ha parado me ha querido cuidar.

Consejos para hacer autostop

1. Ponte a esperar en sitios donde los coches tengan que disminuir de velocidad. Un peaje, un badén, una gasolinera... Así tendrás más oportunidades de que paren.

2. No te pongas a hacer dedo en lugares solitarios para que, en caso de que no te apetezca subir a un coche, haya gente alrededor.

3. Haz un buen cartel y sobre todo sonríe, sonríe mucho. La sonrisa es la mejor arma para conseguir que frenen.

4. No hagas autostop de noche y planea la ruta de forma que llegues a tu destino de día.

5. Viaja siempre comunicada y, si quieres, envía tu localización y el número de matrícula del coche al que te has subido a alguien de confianza.

6. Sigue tu instinto. Si alguien se para y no te convence, no te subas. Dile que te has equivocado de dirección, que vas más lejos, o di simplemente que no. Siempre es mejor esperar a otro coche.

7. Vístete de forma discreta (sí, odio esta frase, pero es mejor no llamar mucho la atención).

8. Si, una vez en el coche, algo no te convence, no lo dudes, bájate. Puedes decir que te ha escrito una amiga, que te encuentras mal y que necesitas parar, que necesitas ir al baño o algo similar.

9. Si el conductor se pone pesado o preguntón, di que estás casada, habla de tu familia y de cómo se preocupan por ti, menciona el hecho de que te esperan o de que siempre vas enviando a alguien tu localización.

10. Y, de nuevo, confía en tu instinto y siéntete segura. O aprende kárate, boxeo o lleva un espray de pimienta, si con eso te quedas más tranquila.

VIAJAR EN BARCO O HACER BARCOSTOP

Quizás ni se te haya pasado por la cabeza, pero viajar en barco también puede ser una opción. Ya sea para viajes cortos, como ir de isla a isla en Grecia, o para viajes largos, como cruzar el Atlántico desde España a Centroamérica.

Y aunque alquilar o comprar un velero cuesta una fortuna, por no decir que tienes que saber de navegación, también existe otra posibilidad: hacer barcostop. Para ello hay que ir a los principales puertos (como las Islas Canarias, por ejemplo) en las épocas adecuadas y ser capaz de convencer a los capitanes de que te lleven con ellos a cambio de trabajar en el barco, ya sea cocinando, limpiando o echando una mano allí donde sea necesario.

Ni es fácil ni todo es jauja. Hay que trabajar, el espacio en un barco es muy reducido, hay poca intimidad y, una vez que te decidas, no hay posibilidad de bajarse, ya que estarás en medio del mar. Por eso, has de elegir un barco en el que te sientas a gusto y en el que haya más tripulación.

Pero si te gusta el mar y sueñas con viajar en barco, apunta el nombre de Paula Gonzalvo, quien empezó haciendo barcostop y hoy no solo lo cuenta en *Allende los Mares*, sino que además organiza sus propios viajes. También puedes conseguir el libro *Barcoestop* de La Editorial Viajera, donde encontrarás consejos, rutas y las mejores temporadas para irte a buscar barcos.

Y si no te convence esta opción, otra posibilidad es enrolarte en un crucero, que te permitirá ganar dinero mientras te desplazas en tu medio de transporte favorito. Hay un montón de empresas que buscan tripulantes y multitud de rutas que ir recorriendo.

→ PAULA GONZALVO

CÓMO MOVERTE EN LAS CIUDADES

Moverte dentro de una ciudad nueva, sobre todo si es grande, puede ser complicado y desconcertante. Si viajas en transporte propio puede que te cueste orientarte, que no encuentres dónde aparcar o que el tráfico sea un completo caos. Y es que hay algunas ciudades que son como junglas sin normas en las que conducir puede ser un deporte de alto riesgo.

En ese caso es mejor moverte en transporte público, aunque si no conoces las rutas ni los horarios también puede ser bastante caótico. La mejor opción suele ser el metro (si lo hay): es fácil orientarse, es seguro y pasa con regularidad. Eso sí, no olvides tener cuidado con los carteristas.

Los autobuses o el tranvía son otra posibilidad. En algunas ciudades es fácil encontrar un mapa con las rutas y en otras tendrás que preguntar a la gente local.

Otra opción es coger un taxi o algún otro transporte privado que te llevará adonde tú quieras cuando lo necesites, aunque te saldrá bastante más caro. En algunos países podrás pactar el precio desde el principio y regatear. Si no, no olvides nunca decir que te pongan el taxímetro, y si coges un taxi por la noche, no está de más comprobar que tenga la licencia en regla.

Algunas opciones, además de los taxis convencionales, son las nuevas plataformas que han surgido como Uber, Cabify, Mytaxi o Grab (para Asia). Podrás ver el precio desde el principio y enviar tu localización a alguien a tiempo real, lo que, sobre todo por la noche, no viene nada mal.

Y como extra, siempre están los transportes locales, como los tùk-tùk en Tailandia, las mototaxis y las bicitaxis, los cocotaxis en Cuba y otros pintorescos transportes que pueden ser una divertida experiencia que no está de más probar, aunque, de nuevo, no olvides regatear.

TÙK-TÙK EN TAILANDIA

EL ALOJAMIENTO

Son tantas las opciones para alojarse durante el viaje como los medios de transporte para hacerlo, todo depende del nivel de comodidad que busques y de tu presupuesto.

Puedes dormir en cuartos compartidos en un *hostel* para mochileros, alojarte en un hotel de cinco estrellas, en casas de gente, al borde de la playa, en un iglú, en una *yurta*, en un motel de carretera o en una tienda de campaña bajo las estrellas.

Comprobarás que en los lugares más turísticos o en las grandes ciudades las opciones abundan, mientras que en los sitios más pequeños o en aquellos que están fuera del circuito más transitado no siempre podrás elegir y te tendrás que adaptar a lo que haya. Eso sí, en muchos países es costumbre regatear, sobre todo en el Sudeste Asiático, en algunos países de África y en la mayoría de Centroamérica y Sudamérica.

Lo ideal es que, si no has hecho viajes largos antes, reserves alojamiento en el lugar de llegada por Internet para tener un sitio de referencia en tu primer destino. Como consejo, busca un barrio que no esté muy lejos del centro y fíjate en las referencias, ya sea un hotel, un hostal o la casa de un particular.

Otra buena idea para los primeros días es apuntarte a un voluntariado: tendrás un sitio al que llegar y también a alguien esperándote, lo que te dará seguridad, confianza y te hará sentirte parte de una comunidad.

Cholita tendiendo la ropa en las Islas Flotantes.

Dicho esto, aquí van algunas de las opciones más habituales que podrás encontrar a lo largo del viaje para alojarte.

The Signature INN

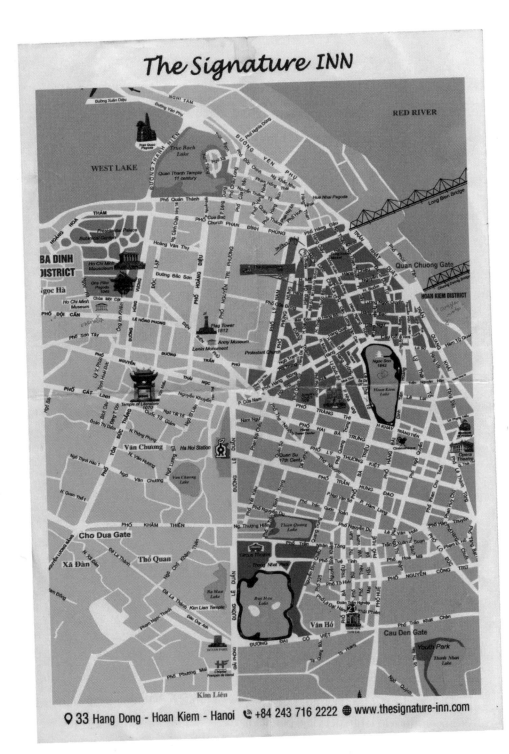

33 Hang Dong - Hoan Kiem - Hanoi   +84 243 716 2222   www.thesignature-inn.com

HOSTELS PARA MOCHILEROS

Uno de los alojamientos más comunes
y económicos son los *hostels* para mochileros.
Abundan en los sitios turísticos y suelen ser de todas
las calidades y precios. Acostumbran a ser más baratos
que un hotel y a estar llenos de gente joven, por lo que son
siempre un sitio ideal para conocer a otros viajeros.

Muchos tienen zonas comunes donde puedes jugar juegos de
mesa y relacionarte con el resto de huéspedes. Los hay con billar,
futbolín y hasta piscina, y algunos, incluso, organizan actividades o
tours guiados gratuitos.

Generalmente, puedes reservar una habitación para ti sola o quedarte en
un cuarto compartido, la opción más económica. Hay habitaciones de
cuatro, seis, ocho y a veces hasta para veinte personas. Además, algunos
hostels tienen cuartos compartidos solo para mujeres.

Si decides quedarte en uno compartido, evita que te den la cama cercana
a la puerta –habrá más ruido–, y si son literas, yo prefiero la de abajo para
no andar subiendo y bajando.

Puedes reservar los *hostels* online –donde además podrás ver la puntuación
y las recomendaciones–, en páginas como Booking u Hostel World.

HOTELES, PENSIONES Y MOTELES DE CARRETERA

Otra opción es quedarte en un hotel, una pensión o un motel de carretera. Lo malo de los hoteles suele ser el precio y el hecho de que no solo estarás en la habitación tú sola, sino que posiblemente haya menos gente de tu edad y te cueste más relacionarte, aunque, eso sí, algunos cuentan con grandes comodidades, como piscina, sauna o *jacuzzi*.

Las pensiones son bastante económicas, pero es buena idea mirar las referencias, porque algunas son de mala calidad o son lugares utilizados por las parejas para intimar.

En cuanto a los moteles de carretera, no te los recomiendo, a no ser que se te tuerzan los planes y no te quede otro remedio. En ese caso, recuerda que es solo una noche.

HOMESTAYS

En algunos países abundan los *homestays*. Estos alojamientos suelen estar regentados por una familia en su propia casa, en la que alquilan un par de habitaciones, ya sean individuales o compartidas. Acostumbran a ser bastante baratos y muchos incluyen el desayuno.

Habitualmente no cuentan con muchas comodidades, pero su punto fuerte es que podrás estar en contacto con gente local y, en ocasiones, compartir el desayuno o la cena con ellos, probando algunas de las especialidades del lugar.

Puedes encontrarlos reservando en Booking o acercándote directamente a preguntar.

APARTAMENTOS Y CASAS RURALES

Hoy en día todas conocemos Airbnb, esta plataforma para alquilar apartamentos y casas rurales que se ha puesto tan de moda. Si buscas intimidad, necesitas unos días para ti, o un lugar desde el que poder trabajar con tranquilidad, es la opción ideal.

El problema es que los precios pueden ser bastante más caros, aunque siempre puedes compartir el gasto con otros viajeros.

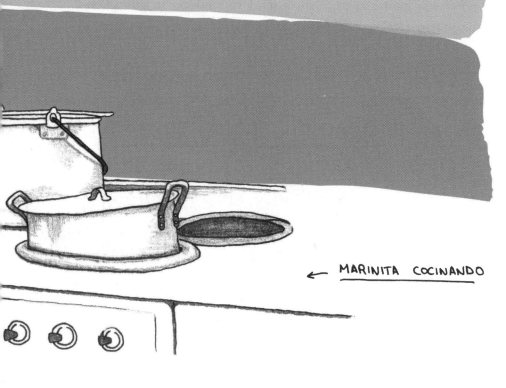

← MARINITA COCINANDO

CAMPINGS

Si viajas en transporte propio o con tienda de campaña, los *campings* pueden ser una buena opción. Hoy en día no son tan baratos (de hecho, muchas veces lo es más quedarse en un *hostel*), pero si te gusta dormir al aire libre y llevas tu propio equipamiento para cocinar, es una opción a valorar.

Normalmente cuentan con baños, duchas y agua caliente, tomas de electricidad y, los más lujosos, hasta piscina o barbacoa. Eso sí, la mayoría suelen estar en las afueras, rodeados de naturaleza.

Otra opción es acampar por libre. En ese caso, es importante investigar si es legal (para evitar multas) llegar al sitio de día y ponerte lo más escondida posible, para que nadie te moleste durante la noche. Y si no te atreves, otra opción es preguntar a particulares si puedes acampar en su jardín. Con una gran sonrisa lo puedes conseguir.

COUCHSURFING

Si deseas tener el máximo contacto con la cultura y la gente local, Couchsurfing puede ser el mejor amigo de tu viaje. No solo te hará ahorrar en alojamiento (es gratis), sino que te permitirá tener amigos nada más llegar que te podrán enseñar los mejores lugares, llevarte de ruta o proponerte planes alternativos que, de otra forma, ni siquiera hubieses sabido que existían.

El funcionamiento es sencillo: tienes que abrirte un perfil con un par de fotos tuyas y una descripción. Para encontrar dónde quedarte tienes que buscar el destino en la plataforma y saldrán los anfitriones disponibles con sus perfiles y recomendaciones. Elige los que más te gusten (y asegúrate de que las recomendaciones son buenas) y mándales una solicitud de alojamiento con un mensaje lo más elaborado y personal posible para preguntar si puedes quedarte.

En el caso de que te digan que sí, recuerda que, a pesar de que en Couchsurfing no existe ningún tipo de intercambio monetario, no está de más tener un detalle. Puedes aparecer con una buena botella de vino, cocinar algún plato de tu tierra o tener algún otro gesto bonito. Además, trata de ser lo más limpia, ordenada y respetuosa posible.

Y no te perocupes, aunque quedarse en casas de extraños suena arriesgado, el sistema de referencias en Couchsurfing hace que usar la plataforma sea muy seguro. Y esas personas que eran extrañas pasarán a ser tus amigas.

Si quieres saber más, no dejes de leer la guía «Cómo usar Couchsurfing» en mi blog (lapiznomada.com/como-usar-couchsurfing).

CON RITA Y PAOLO, QUE ME ALOJARON EN MILÁN

HOUSESITTING

Otra opción para alojarte gratis a lo largo y ancho del planeta es hacer *housesitting*. Seguramente nunca has oído hablar de esta posibilidad que cada día gana más popularidad.

Consiste en alojarte en casas de gente que la deja vacía, ya sea durante unos días, unas semanas, o hasta un par de meses porque se va de vacaciones, porque tiene que viajar por trabajo o irse una temporada, y que necesita alguien que cuide su hogar y, la mayoría de las veces, las mascotas o las plantas.

No solo podrás alojarte gratis, sino que te permitirá sentirte en casa allí donde vayas, y es una opción genial sobre todo si, además de viajar, eres nómada digital y necesitas parar en un sitio durante pequeñas temporadas para trabajar. Eso sí, tienes que ser limpia, respetuosa, responsable y ordenada, así como cuidar el lugar mejor que si fuera tu propia casa.

El intercambio es siempre gratuito (ni pagas por quedarte ni te pagan por cuidar la casa), pero algunas de las plataformas para encontrar casas tienen un coste anual.

PLATAFORMAS
PARA HACER *HOUSESITTING*

AUSSIE HOUSE SITTERS: encuentra casa en Australia.

HAPPY HOUSE SITTERS: puedes probarla gratis.

HOUSE SITTERS AMERICA: ¿buscas casas en EE. UU.?

HOUSE CARERS: en esta puedes apuntarte gratis.

HOUSE GUARD HOUSE SITTERS: tu casa en Canadá.

HOUSE SITTERS UK: para encontrar casa en Reino Unido.

KIWI HOUSE SITTERS: encuentra casas en Nueva Zelanda.

NOMADOR: cuida casas y mascotas. Gratis o de pago.

MIND MY HOUSE: encuentra casa a nivel mundial.

TRUSTED HOUSE SITTERS: plataforma para cuidar casas

y mascotas a nivel mundial.

Y si quieres más información o no sabes por dónde empezar, no te pierdas *La guía definitiva del* housesitting *en español* de Magalí Vidoz (laguiadehousesitting.com), donde aprenderás a buscar casas, a mandar solicitudes o a hacer una buena carta de presentación.

VOLUNTARIADOS

Otra buena opción para viajar sin gastar en alojamiento es hacer un voluntariado: te permitirá aportar tu granito de arena, involucrarte más en la cultura y la comunidad –en lugar de ser una simple viajera transitando y fotografiando el lugar–, podrás conocer gente con tus mismos intereses, que posiblemente se convertirán en amigos y compañeros de viajes y proyectos, y, además, te sentirás parte de algo.

Hay muchos tipos de voluntariados en todas las partes del mundo. Puedes trabajar en una ONG o en una organización particular, o, simplemente, echar una mano en un hostal. Eso sí, para la mayoría necesitarás comprometerte por un periodo mínimo de tiempo (el suficiente para ser capaz de aportar algo), y en algunos te solicitarán unas habilidades específicas (por ejemplo, los médicos están muy solicitados).

La mejor forma de encontrar un voluntariado es por Internet, pero también puedes buscarlo durante el viaje. Una sonrisa y una buena propuesta pueden permitirte quedarte en ese *hostel* que tanto te gusta sin pagar a cambio de unas horas de trabajo diario.

PLATAFORMAS PARA ENCONTRAR VOLUNTARIADOS

WWOOF: para trabajar en granjas orgánicas

WORKAWAY: voluntariados de todo tipo

HELPX: de todo un poco

EMAUS: trabaja en Europa

HELPSTAY: de todo

GIVINGAWAY: organizaciones sin ánimo de lucro

WORLDPACKERS: intercambia tus habilidades,
trabaja en ONGs o hostales

LA TRUECA

AISEC

MOVINGWORLD

HACES FALTA: voluntariados en ONGs españolas

VOLUNTEERS BASE

UNICEF

ACNUR

ARTRVL: proyectos artísticos a cambio de alojamiento

PROJECTS ABROAD: deporte, cultura, artes escénicas

. . .

En el voluntariado "Finca la Argentina" con Pepe, la responsable y el resto de compañeros.

EL EQUIPAJE

Uno de los mayores desafíos a la hora de empezar un viaje largo, sobre todo si nos vamos varios meses, es hacer el equipaje. Tienes que ser capaz de llevar todo lo necesario sin sobrecargarte. Lo ideal sería que, especialmente si viajas con mochila, esta no pese más que un sexto de tu peso, ya que de lo contrario, no solo será malo para tu espalda, sino agotador.

Por eso, es importante llevar lo esencial y dejar lo demás en casa. Como se suele decir, una vez que hayas seleccionado tus imprescindibles, quita la mitad. Además, si algo te hace falta, casi siempre podrás conseguirlo allá donde vayas.

Y si dudas entre viajar con maleta o con mochila, deberás pensar qué tipo de viaje vas a hacer: ¿vas a desplazarte varias veces?, ¿vas a tener que andar por caminos de tierra?

Si vas de viaje corto y sabes cómo llegas y adónde, y no vas a tener que hacer grandes desplazamientos, puedes optar por una maleta. En cambio, si vas a hacer un viaje más largo y puede que tengas que caminar con tu equipaje o emplear distintos medios de transporte, la mochila es la mejor opción. Eso sí, es importante que busques una que se ajuste bien a tu espalda.

QUÉ LLEVAR Y CÓMO

Yo viajo con dos mochilas, una grande en la espalda y otra más pequeña delante con las cosas importantes. Hay a quien viajar con dos mochilas le parece algo incómodo. Yo lo prefiero, porque así tengo lo esencial siempre localizado, a mano y controlado, al no despegarme nunca de ello. Por ejemplo, si cojo un autobús, puedo dejar la mochila grande en el maletero sabiendo que lo principal está conmigo. La mochila auxiliar también me sirve cuando estoy en un hostal o en algún otro lugar donde puedo permitirme dejar la grande y utilizar solo la pequeña para ir de excursión.

Lleves una mochila, dos, maleta, o lo que sea, te recomiendo usar una pequeña riñonera (canguro, koala) o una bolsita de tela dentro de tu ropa donde guardar tus documentos más importantes, una tarjeta de crédito o débito y algo de dinero.

TIPS NINJA PARA ARMAR LA MOCHILA

1. Empaca en rollitos.

2. Lleva ropa que combine.

3. Vístete por capas.

4. Lleva al menos un par de zapatos para caminar.

5. Pon lo más pesado en el fondo, junto a tu espalda.

6. ¡Menos es más! Solo lleva lo necesario para siete días de viaje (luego se puede lavar).

7. Olvídate del secador, la plancha del pelo y los kilos de maquillaje.

8. Cuando tengas todo listo, quita la mitad.

DOCUMENTOS

Documento Nacional de Identidad y pasaporte

Tarjetas bancarias

Cartilla de vacunación

Fotocopia de tus documentos

(Guarda también un escaneo en tu e-mail)

Algo de dinero en metálico

Seguro médico

Carnet de conducir o permiso internacional

Carnet de estudiante o carnet joven

Tarjeta de embarque y/o billete de bus/tren

Visado de entrada y su fotocopia si lo necesitas

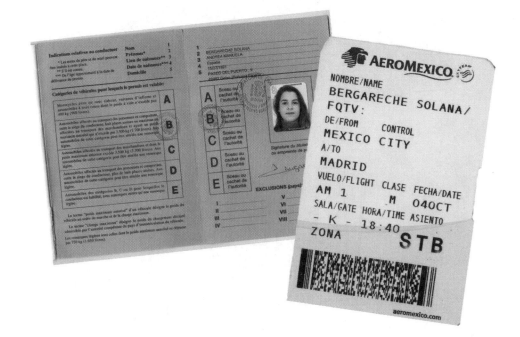

MOCHILA GRANDE

Saco o bolsa de dormir

Si acampas: esterilla/colchón inflable y tienda
de campaña

Un par de zapatillas o botas cómodas

Unas chancletas o sandalias

Toalla de microfibra (no pesa nada y se seca rápido)

Unos pantalones cortos y unos largos

Unos leggings

Una falda o vestido

5 camisetas: 2 de manga larga + 3 de manga corta

Una prenda térmica puede ser buena idea

Un jersey gordo o sudadera

Impermeable cortavientos para la lluvia

Pijama

Ropa interior

Un pañuelo (para cubrir la garganta o el pelo)

Neceser (cremas, cepillo dental, jabón) + botiquín

Cepillo para el pelo + champú

Sombrero/gorro para el frío

Bañador/bikini (en clima cálido) + crema para el sol

Cubremochilas impermeable

Un frontal (linterna que se sujeta en la frente):
es muy cómodo porque te deja las manos libres

x 2

x 2/3

x 5

x 5

MOCHILA PEQUEÑA

Móvil + cargador
Ordenador portátil + cargador
Pen drive
Equipo fotográfico
Diario de viaje + cuaderno para apuntes
Bolígrafo y lápices
Algún libro para leer en los trayectos
Auriculares para escuchar música
Gafas de sol
Candado para los hostales
Cubremochilas impermeable
Máscara para dormir en los trayectos

SEGURIDAD

En la línea del Ecuador,
latitud 0' 0" 0''', ECUADOR.

Como comentaba, uno de los mayores miedos
al viajar sola es que te pase algo malo. Pero el mundo no es como lo pintan
los telediarios y, aunque sí es cierto que existen riesgos al viajar sola, son
prácticamente los mismos que correrías en tu barrio.

Es verdad que ser mujer puede exponerte a sufrir violencia de género,
pero justamente por este motivo la mayoría de la gente tratará siempre
de echarte una mano: ayudándote si te ven perdida, aconsejándote las
rutas más seguras, ofreciéndose a llevarte o a acompañarte, o hasta
obsequiándote con una cama o un plato de comida.

Viajando sola comprobarás que te salen un montón de «madres» por el camino que, al verte o creerte indefensa, tratarán de cuidarte como si de su propia hija se tratase. Cosa que no les pasa a los hombres, que a veces hasta sienten envidia de las mujeres que viajan solas, ya que la gente confía mucho más en nosotras.

Aun así, hay algunos consejos que te ayudarán a viajar más segura y a evitar situaciones de riesgo. Pero, te repito, yo he viajado sola, he viajado a dedo, he salido de noche por ciudades desconocidas, he viajado incomunicada y a veces he hecho caso omiso de estas recomendaciones, y, aun así, nunca me ha pasado nada malo. Así que toma precauciones para viajar segura, pero no dejes que el miedo te impida viajar sola.

Con Mariona en Chiapas, México ♡

10 CONSEJOS PARA VIAJAR SEGURA

1. Investiga acerca del lugar:

La ignorancia es madre del miedo.
Henry Home Kames

El primer consejo para sentirte segura es investigar el lugar antes de llegar. Averigua qué clima hay, cuál es el nivel de seguridad, qué problemáticas se acusan, y hazte con el mapa para comprobar en qué zona está tu hostal y cómo llegar. Tener esta información te hará sentir más confiada que si aterrizas a un lugar del que no sabes nada.

2. Viaja comunicada:

Todas tenemos un teléfono con el que es superfácil estar conectada en cualquier momento, así que allí donde vayas compra una tarjeta SIM que te permita llamar, mandar tu ubicación si lo necesitas o contactar con el número de emergencias (apúntatelo en caso de necesitarlo).

3. Trata de no viajar sola de noche:

Siempre que puedas es mejor llegar a los sitios de día, sobre todo si es una ciudad grande y desconocida, así, en el caso de que te pierdas, habrá gente en la calle a la que preguntar.

Personalmente, me gusta visitar las ciudades de noche, porque significa verlas desde otra perspectiva. También me gusta conocer su vida nocturna. Aun así, es importante tomar precauciones. Si quieres salir de fiesta o recorrer la ciudad de noche siempre será más seguro si alguien más te acompaña.

Igualmente, si una zona te da mala espina, busca otro camino. Evita caminar por calles oscuras y despobladas y elige las más concurridas e iluminadas. Pregunta a los locales, ellos sabrán decirte qué barrios y qué calles es mejor evitar.

SEÑORA VENDIENDO GRANADAS
EN LA CIUDAD DE CUZCO, PERÚ

Y recuerda, si vas a tomar un taxi de noche, asegúrate de que sea un taxi autorizado o usa alguna aplicación como Uber o Grab, donde puedas ver por dónde vas, y, en caso de que lo necesites, mandar la ubicación a alguien más. Pon el pestillo en las puertas de atrás para evitar que alguien abra el coche desde fuera en un semáforo y, si quieres, haz como que vas hablando con alguna amiga y diciéndole dónde estás.

4. Pasa desapercibida:

Dependiendo del lugar, una extranjera vestida al modo occidental puede llamar mucho la atención, por ejemplo en países musulmanes. Por eso, fíjate en cómo visten las mujeres locales y, como dice el refrán, «donde fueres haz lo que vieres». No solo pasarás más desapercibida, sino que será un signo de respeto que te permitirá acercarte más a la gente del lugar.

Tampoco te pongas joyas, relojes o prendas de lujo. Estarás más cómoda y evitarás llamar la atención de los ladrones, sobre todo si viajas por barrios pobres. Si llevas contigo artículos caros como una buena cámara o un portátil, trata de guardarlos siempre en tu mochila de mano y lo más ocultos posible.

Si te pierdes, pregunta a algún lugareño y evita sacar el mapa. En caso de que lo necesites, entra en un establecimiento a mirar la ruta y, cuando la tengas clara, camina confiada. Aparenta ser una local más. Cuanto más desapercibida pases, menos riesgos correrás.

5. Lleva lo más importante en una bolsa aparte:

Guarda siempre un poco de dinero en varios sitios distintos para que, si lo pierdes o te roban, no te quedes sin nada. De igual forma, lleva varias tarjetas de débito o crédito por separado y hazte con una bolsita de tela que puedas ocultar en el interior de tu ropa.

6. Usa **siempre las taquillas en los hostales**:

Uno de los sitios en los que más robos se producen
son los hostales. Por eso, lee bien las referencias del
establecimiento, lleva siempre un candado contigo y
deja las cosas de valor en un *locker* bien cerrado o en
una caja fuerte. En el caso de que no haya, puedes
usar una malla de acero antirrobos con la que atar
tu mochila a algo fijo.

7. Mantente alerta en las estaciones:

Otro de los lugares donde hay más robos es en las estaciones de autobús.
Por eso es importante mantenerte alerta y no dejar tus pertenencias
desatendidas ni dormirte. Un buen consejo es meter siempre un brazo o
una pierna en alguna de las asas o los tirantes de tus mochilas, para evitar
tirones. Si te duermes, hazlo sobre tus mochilas y, si puedes, ciérralas con
un candado o una malla de acero antirrobos.

8. Usa un cubremochilas:

Evitará que tu mochila se moje en caso
de lluvia y hará más difícil que te roben,
tanto cuando vayas por la calle como en
los transportes públicos, o hasta en los
aviones.

9. Aprende a deshacerte de los hombres pesados:

Dependiendo del país y de la cultura, tendrás que enfrentarte más o menos al acoso por parte de los más babosos. En algunos países podrás viajar sola y tranquila, pero en los más machistas te tocará escuchar desagradables piropos y aprender a deshacerte de aquellos que se acercarán a ti para ligar y flirtear.

Por eso, es importante que aprendas a decir que no con firmeza y que te armes de paciencia. Unas gafas de sol y unos auriculares te ayudarán a ignorarlos y, en algunos países, como India, llevar un anillo de casada te hará parecer más respetable. Si te preguntan, di siempre que estás casada o que tienes novio.

Si aun así no te dejan tranquila o incluso te persiguen, entra a algún establecimiento o vete a algún lugar público donde haya mucha gente. Y en el caso de que se pasen de la raya, no lo dudes, grita o pide ayuda a la gente de tu alrededor.

10. Confía en tu instinto:

Se suele decir que las mujeres tenemos un sexto sentido y, aunque suene muy *hippy* o esotérico, yo creo que es cierto. Por eso es tan importante aprender a escucharlo, ya que puede ser una de las mejores herramientas de tu viaje.

Al final, todo es cuestión de cabeza y sentido común, si te subes a un coche ajeno o estás caminando por una calle a oscuras y te encuentras incómoda, o te habla alguien que no te da buena espina, lo mejor es hacerle caso a tu instinto y salir de ahí lo antes posible. Es mejor equivocarse o prejuzgar que exponerse a riesgos innecesarios.

Si a pesar de todos estos consejos vienen a robarte, lo mejor es no defenderse, más vale perder tus cosas que exponerte. Dales lo que te pidan y, si puedes, tíralo lo más lejos posible para tener unos segundos en los que salir corriendo.

Una vez a salvo, cancela inmediatamente tus tarjetas y vete a la policía a poner una denuncia. Contacta con tu seguro de viajes y vete a la embajada a solicitar un pasaporte de emergencia.

Si algún hombre te acosa y no solo se pone pesado, sino, además, violento, y tú estás en algún lugar sola, no temas gritar y defenderte con todas tus fuerzas, apuntando tus golpes a sus genitales, a sus ojos o en el estómago. Golpea con las manos, con los codos y hasta con la cabeza. Muévete en triángulo para desconcertarle y, en cuanto te libres de él, corre lo más rápido posible a un lugar seguro. Si puedes, viaja con espray pimienta y no temas usarlo.

Una de las cosas que no debes descuidar mientras viajas es tu salud. Por eso, es importante tener una buena alimentación y tratar de cuidarte un poco para evitar molestos resfriados, contagios gastrointestinales, golpes o cualquier otro tipo de afección.

La verdad es que, para mí, una de las peores partes de viajar sola es enfermar. Un simple resfriado se vuelve un tremendo incordio, porque te obliga a permanecer inmóvil en un determinado lugar hasta mejorar.

Por eso, para prevenir, es importante investigar si hay alguna vacuna específica para el país al que vas y pedir cita con antelación, porque para algunas necesitarás ponerte varias dosis. Las enfermedades de las que

CERTIFICADO INTERNACIONAL DE VACUNACION O PROFILAXIS
INTERNATIONAL CERTIFICATE OF VACCINATION OR PROPHYLAXIS

Certificase que (nombre)		Nacido (a) el	Sexo
This is to certify that		Date of birth	Sex
BERGARECHE SOLANA ANDREA MANUELA		15/07/1991	Femenino

Nacionalidad	Documento de identificación Nº	Cuya firma aparece a continuación
Nationality	Travel document Nº	Whose signature follows
Española	AAF107745	

En la fecha indicada ha sido vacunado (a) o ha recibido tratamiento profiláctico contra (Nombre de la enfermedad):
Has on the date indicated been vaccinated or received prophylaxis against (name of disease or condition):

FIEBRE AMARILLA - YELLOW FEVER

De conformidad con el Reglamento Sanitario Internacional.
In accordance with the International Health Regulations.

VACUNA O PROFILAXIS	FECHA	FIRMA Y TITULO DEL VACUNADOR	FABRICANTE DE LA VACUNA O PRODUCTO PROFILÁCTICO Y Nº DE LOTE	VALIDEZ DEL CERTIFICADO DESDE / HASTA	SELLO OFICIAL DEL CENTRO ADMINISTRADOR
VACCINE OR PROPHYLAXIS	DATE	SIGNATURE AND PROFESSIONAL STATUS OF VACCINATOR	MANUFACTURER AND BATCH Nº OF VACCINE OR PROPHYLAXIS	CERTIFICATE VALID FROM / UNTIL	OFICIAL STAMP OF VACCINATION CENTRE
1. FIEBRE AMARILLA	19/02/2015	Dra. SILVIA ABEL MN. 86.203 MINISTERIO DE SALUD	STAMARIL J5447-1	10 AÑOS 10YEARS	SANIDAD DE FRONTERAS Y T. TRANSPORTE
2. YELLOW FEVER					

puedes vacunarte son la fiebre amarilla, la fiebre tifoidea, la encefalitis japonesa, el cólera, la hepatitis A, la hepatitis B, la rabia o el tétanos.

Es importante viajar con un pequeño botiquín de viaje donde lleves las cosas fundamentales: analgésicos, antidiarreicos, antihistamínicos, antibióticos, tiritas, colirio, mercromina, alcohol, bálsamo de tigre, algo de gasa... Si tomas alguna medicación específica es bueno que te la lleves desde tu país junto con la receta o el informe médico pertinente por si llegases a necesitar más.

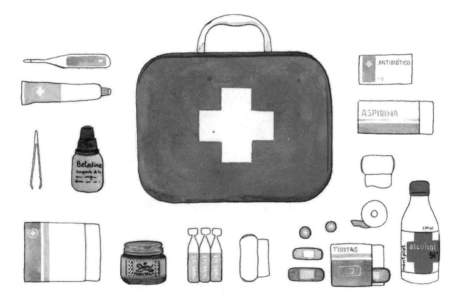

Tampoco está de más llevar repelentes para los mosquitos, porque muchas de las enfermedades que puedes contraer se pueden deber a la picadura de alguno de estos bichos. Eso sí, tampoco hay que ser hipocondríaca. La única vacuna que yo me he puesto para viajar es la de la fiebre amarilla, y lo único que llevo en mi botiquín son algunos ibuprofenos, bálsamo de tigre y colirio, porque la mayoría de cosas que necesites puedes conseguirlas allí donde vayas en una farmacia.

Lo que sin duda es muy importante es contar con un seguro de viajes. En algunos países es obligatorio, pero, aunque no lo sea, te vendrá bien si surge alguna complicación y necesitas servicios médicos, sobre todo en los países donde la salud es cara y privada, o pública pero deficiente.

Hay muchos tipos de seguros: IATI Seguros, Chapka, Ocaso, Allianz, World Nomads, Mapfre, Intermundial, etc., y cada uno tiene sus propias especificaciones. Algunos son solo seguros médicos y otros, de viaje, lo que significa que también te cubren cancelaciones, el equipaje o determinadas actividades.

Algunos seguros no cubren actividades como la escalada, el buceo, conducir una moto, etc., así que mira bien.

Es importante revisar qué es lo que cubre y en qué condiciones, qué restricciones tiene, cómo de alta es la cobertura, si se hacen cargo de los gastos en el momento o si te lo devuelven luego.

Yo he cogido gripe, conjuntivitis, me he machacado un dedo, he tenido alergias, me han salido manchas raras en la piel... Nada grave por ahora, pero, aun así, siempre conviene contar con un seguro de viaje. Aunque, si no puedes permitirte un seguro, no dejes de viajar. Yo nunca me he quedado en casa por no tener seguro, pero, si te puedes costear uno, no deberías pensártelo dos veces.

Por último, no olvides hacer ejercicio para mantenerte en forma, usar preservativos, mantener una buena higiene, lavarte las manos antes de comer, dormir bien y no hacer tonterías que no harías en tu vida normal y que te expongan a tener un accidente.

LO MEJOR DE UN VIAJE, AL MENOS PARA MÍ,
ES LA GENTE QUE CONOCES POR EL CAMINO.
CADA PERSONA ES UNA HISTORIA, UN RECUERDO,
UNA MEMORIA. SON LAS PERSONAS LAS QUE
HACEN QUE TE ENAMORES DE UN LUGAR, QUE
LO RECUERDES CON CARIÑO, QUE TENGAS
GANAS DE VOLVER A ÉL, TANTO LAS QUE
SE CONVIERTEN EN COMPAÑÍA DURANTE EL
VIAJE COMO LAS QUE DEJAN UNA HUELLA
TRANSITORIA. ASÍ QUE ÁBRETE, HABLA, PIERDE
EL MIEDO A INTERACCIONAR.

APLICACIONES ÚTILES

Si eres de las que no puede dejar de pensar lo peor, han sacado un par de aplicaciones que te permitirán enviar tu ubicación en tiempo real a quien tú quieras. Así, tu madre puede saber dónde estás en cada momento:

* Glympse es una aplicación que permite compartir tu ubicación a tiempo real con quien tú elijas.

* Alpify está pensada para situaciones de emergencia. La aplicación envía una alerta al servicio 112/911 con solo pulsar el botón de emergencia. No funciona en todos los países, así que comprueba si te sirve.

Si te gusta planearlo todo desde el móvil, descárgate las mencionadas Booking, Couchsurfing, HostelWorld o Airbnb para encontrar alojamiento con solo un par de clics. Para los vuelos puedes descargarte la aplicación de Skyscanner, de AirAsia, de Vueling, o prácticamente de cualquier aerolínea que vayas a usar.

Para los mapas, puedes usar Google Maps, que, además, te permite descargártelos, o Maps.me, con mapas *offline* donde puedes marcar puntos y rutas. AroundMe también es útil porque te indica bancos, gasolineras, bares, etc., que necesites cerca de ti.

Hay aplicaciones para controlar los gastos de tu viaje, como Trail Wallet (donde introduces los gastos en la moneda local y los convierte en tu moneda preferida descontándolo de tu presupuesto) o Expensify, y otras para calcular el cambio, como XE Currency.

Y cómo no, si viajas a un país y no hablas el idioma, con Google Traductor podrás traducir *offline* o incluso pedirle a la gente que hable para que la aplicación lo traduzca en el momento.

Otra app para superar las barreras idiomáticas es Speechless, un diccionario con imágenes que, si por ejemplo quieres desayunar café con fruta, te permitirá enseñarlo a base de imágenes, así no hay traducciones erróneas que valgan.

PLANES (O ANTIPLANES)

PARA DISFRUTAR AL MÁXIMO

✱ Deja espacio (mucho) para la improvisación y olvídate de los imperdibles. Los mejores planes son siempre los inesperados.

✱ Pregunta a los locales por las mejores recomendaciones (y haz nuevos amigos).

✱ Rétate a aprender la jerga local (y constrúyete un nuevo diccionario).

✱ Prueba la comida local y no temas a los puestos callejeros (aunque a veces asusten, siempre tienen la comida más sabrosa).

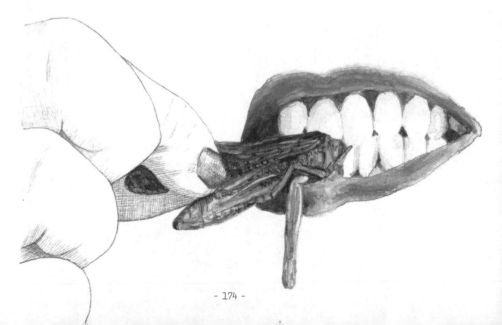

* Piérdete (y vuelve a encontrarte sin usar Google Maps).

* Siéntate en un parque o un café a ver
la vida pasar.

* Coge un autobús que no sabes
adónde va.

* Escribe una postal describiendo
tu alrededor y mándasela a un
par de amigos.

Baldosas
en Lisboa

Carta encontrada en
la frontera con China

* Viaja lento, sin prisa. No es más viajera la que tiene más sellos en el pasaporte, sino la que dedica tiempo a conocer a fondo y a vivir cada lugar.

* Acumula los tickets, las entradas y los papelitos que te hagan gracia y pégalos en tu diario para convertirlo en un "journal" de tu viaje (y volver a viajar siempre que lo leas).

* Haz una colección de detalles que te llaman la atención (y si estás inspirada, dibújalos).

* Encuentra algo que no sea comprado para llevarte de recuerdo (una piedra, una carta, etc.).

* Juega a inventar historias de la gente y los sitios que ves, de lo que pasa tras las puertas y ventanas.

* Traza tu propio mapa del tesoro con tus lugares favoritos.

* Acércate a los niños y juega con ellos, son siempre los más abiertos a interactuar.

* Escríbeme una carta y cuéntame qué tal te va.

Permítete ser una niña y jugar.
Al fin y al cabo, lo bueno de estar
lejos es que ¡nadie te conoce!

EL REGRESO

No hay nada como volver a un lugar que no ha cambiado para darte cuenta de cuánto has cambiado tú.

Nelson Mandela

Volver, ese verbo de seis letras que se dice pronto pero que es todo un proceso. Y es que volver, aun cuando es elegido, nunca es fácil. Toca dejar atrás el ritmo del viaje y la libertad que este supone para volver a la cotidianidad. A los días que se repiten, a la ausencia de esas continuas sorpresas.

Y es que, por mucho que viajes y por lejos que te vayas, te darás cuenta a la vuelta de que todo sigue igual, de que aunque tú hayas cambiado a pasos agigantados es poco lo que ha cambiado en tu entorno, la mayoría de las cosas seguirán donde las dejaste antes de marchar.

Seguramente vuelvas con un montón de energía, hasta con ilusión y ganas. Con un buen puñado de proyectos nuevos que quieres desarrollar. Pues bien, más vale que te pongas con ellos desde el primer momento, porque, por increíble que parezca, es muy fácil volver a los viejos hábitos. Por mucho que hayas cambiado, los demás seguirán esperando que vuelva la misma persona que se fue, y si no te impones a la rutina, tu viaje se quedará como un bonito recuerdo, un sueño del que te ha tocado despertar para volver a la realidad.

Después de los primeros días y de contar las anécdotas e historias, los demás esperarán que vuelvas al punto de partida y comprobarás que todo sigue igual. Así que mi consejo es que trates de guardar esa energía viajera, que la apliques desde el primer día para que todo lo aprendido en el viaje no caiga en saco roto.

Emprende aquello que quieras hacer, haz que tu cotidianidad sea otro viaje más. Sigue conociendo gente, haciendo cosas nuevas a diario, mantente en contacto con los amigos que hayas hecho por el camino y, sobre todo, empieza a planear el próximo viaje para que la vuelta a casa sea un poco menos vuelta.

Viajar es más que ver lo que hay para ver; es iniciar un cambio en nuestras vidas sobre lo que es vivir que continúa en nosotros de manera profunda y permanente.
Miriam Beard

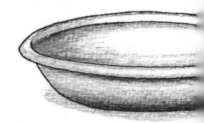

UNA VUELTA AL MUNDO

Miras el mundo que cuelga de un hilo desde el techo de tu habitación, lo rozas con el dedo para que gire y piensas que ya es hora de girar tú también con él. De sacar al moco verde del armario, pero esta vez no para una semana, sino para un nuevo viaje largo. Aunque quizás sea hora de retirar al moco, que tantos dolores de espalda te da, y conseguir una mochila nueva que te agarre más.

Recuerdas la última vez. La maleta rígida en el suelo con todo lo que no te ibas a llevar y sobre la cama los vaqueros, las mallas y unos pantalones cortos, cuatro camisetas, unas chancletas, un jersey de punto gordo, un pareo y el neceser. El pasaporte, el DNI y la tarjeta de débito. Andreíta, tu marioneta, impaciente por viajar también y mirando la operación desde la silla junto con Machaca, el gato de esta casa en la que, una vez más, estás de paso.

Revisas el equipaje. Llevas el diario, el cuadernito y también la guía, que parece querer pesar y ocupar media mochila. Aguja e hilo, por si se rompe cualquier cosa, y una cuerda para atar y para tender la ropa. Llevas calcetines y ropa interior suficiente. Las acuarelas junto con un par de pinceles para los momentos de inspiración. La cámara, las tarjetas, las baterías y el cargador. Llevas un cuaderno grande para las acuarelas y algún sobre por si te da por escribir alguna carta. Has guardado ya la linterna frontal que te regaló Andy en California y un rotulador para los carteles con los que hagas autostop. Llevas una mochila pequeña para el ordenador y el cargador. Lo tienes todo. Revisas con la mirada, buscas lo que sobra, buscas lo que falta. Lo pesas todo una vez más.

10 kilos. Una vida a la espalda. Te terminas de vestir y te pones tu frazada naranja, esa que te sirve de bufanda, de chal, de manta y de almohada. No hay nadie en casa, así que escribes una nota antes de salir y de despedirte

de Machaca, que se frota una vez más contra la mochila. Será que huele los olores de otros paisajes y viajes y es su forma de despedirse de la aventura que está por partir.

El taxi ya está abajo y te colocas el moco a la espalda. La negra va delante. La riñonera está ya sobre la cadera, con la cartera, el pasaporte y el billete de avión bien a mano. Bajas la escalera y cinco pisos después el taxista te espera sosteniendo la puerta del maletero. Metes la mochila y das la indicación: «Al aeropuerto, por favor».

«Es buena hora y no hay demasiado tráfico», comenta el taxista mientras tú contestas distraída con la vista puesta al otro lado del cristal, a las calles y veredas de esta ciudad mexicana de la que, una vez más, te vuelves a marchar y a la que quién sabe cuándo volverás.

Mujer descansando a la brisa del ventilador en el mercado de Hội An, Vietnam.

El taxi agarra Churubusco y tu mirada se queda congelada en esa esquina en la que a esta hora permanecen aún cerrados el puesto de hamburguesas y el de *pizza*. Pero las escaleras siguen ahí y tú puedes verte, mientras el taxi avanza, sentada en esos escalones hace solo unos meses atrás.

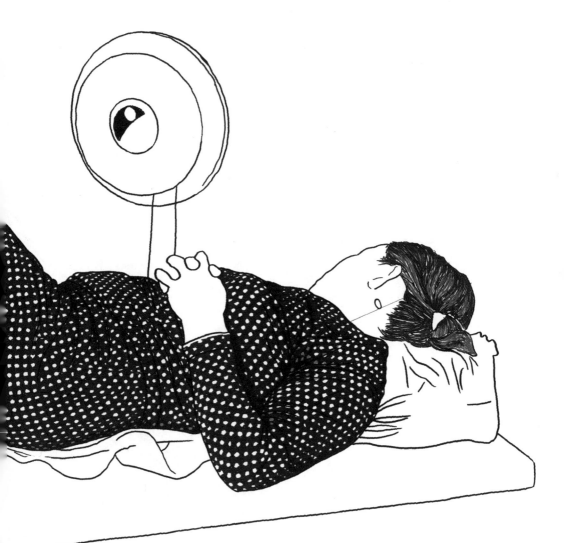

A veces un viaje largo no empieza por el mejor motivo, o, más bien, no se dispara en circunstancias perfectas, sino que son los acontecimientos los que te lanzan cuesta abajo en dirección al viaje, a tu próximo destino.

Decía Montaigne: «Sé bien de lo que huyo pero ignoro lo que busco». Pues bien, esa frase, al comienzo, fue mi estandarte. Esa mochila verde a mi espalda era una huida en toda regla. La negación ante el fracaso, la única posibilidad, el todo o nada. La necesidad de buscarme, o de reencontrarme. De lanzarme a una nueva aventura en solitario que me alejase de todo para volver a acercarme a mí misma, para, como el ave fénix y las películas de Harry Potter, renacer de mis cenizas.

Señor ciego que me recomendó los mejores lugares para comer en Lanzarote

Las nubes se han ido sucediendo al otro lado de la ventana. Yo he escrito en mi diario, mientras Mónica, mi nueva compañera de viaje, aprovechaba para dormir y reposar los nervios. Empiezan a aparecer los suburbios de Buenos Aires y yo miro el reloj, para saber cuánto tiempo llevará esperándome en el aeropuerto Marina, si es que está.

Y está, el abrazo transoceánico no se hace esperar, alfajor incluido. El viaje ha empezado y con él sus constantes. Un compañero de vuelo nos lleva hasta el centro y en poco tiempo estamos en Gali, mi casa por los próximos cuatro días, mi reserva de inicio de viaje, mi amiga y mi cálida bienvenida.

Con Marinita en el mercado de las flores
de Paloquemao. Bogotá.

Hoy miro atrás más de un año después de ese momento. De esa huida inicial que se convirtió en una búsqueda que me llevó a dedo desde Argentina hasta Colombia durante más de siete meses para tratar de reencontrarme conmigo misma, para borrar ese sabor a fracaso del paladar y llenarlo de sabores y aromas nuevos, sobrescribirlo a base de inéditos recuerdos.

He conocido muchos paisajes, he hablado distintos idiomas, he viajado en todo tipo de transportes, he hecho multitud de amistades, nuevos nombres, nuevos amantes. Nuevas pieles y nuevos caminos. Nuevos retos y acertijos. Hoy, el trasero me pica, se calienta. El mundo es grande. Y pienso, y sueño.

Australia, sus costas, el inglés y una visa de estudiante. California y la promesa de presupuesto para viajar más y mejor. América de norte a sur, un proyecto de murales sociales con Marina a lo largo del mundo, para llenar las paredes de color, para dar vida y visibilidad a lo escondido. *Housesitting* en cualquier país, a poder ser una casa con piscina y vistas al mar, huerta y un gato, para viajar escribiendo, para viajar sin prisa, para buscarme de viaje y dentro de la cotidianidad.

Asia y el tan temido, deseado e imaginado contraste de culturas, olores, sabores e intensos colores. La promesa de India. China y su cultura milenaria. Japón y sus excentricidades. Un viaje en barco, en barcostop por las islas Filipinas. Madagascar y su representación de todo lo desconocido. Azerbaiyán y todos esos países que acaban en -iyán y que ya es hora de colocar en el mapa mental.

Caminaba cuesta arriba con sus cargados
fardos a la espalda mientras iba hilando
entre las manos algún tipo de belua natural.
Cuando me acerqué a preguntarle, entre
señas, si podía sacarle una foto, se sentó a
descansar y dejó, paciente, que le fotografiare
mientras seguía hilando, incansable.

HA GIANG LOOP, VIETNAM.

Voy a por agua y en el camino pienso que he de esmerarme escribiendo, que quiero volver a sentir ese nervio. Necesito volver a comprimirme, volver a doblarme y concentrarme en 10 kilos. Necesito plegarme y organizarme dentro de una mochila o de dos. Necesito prescindir de lo dispensable, necesito hacer sitio, necesito llenarme y vaciarme.

Dicen que uno vuelve a casa a recargar fuerzas, pero yo no creo que sea verdad. Volvemos a perderlas, o a dejarnos abrazar. En mi caso, a hacer campamento base, a empaparme de lo mío y a recordar los porqués que me hacen estar hoy escribiendo este texto. Me remuevo en la silla pensando en viajar de nuevo, en seguir escribiendo a mi gusto mi autobiografía, en que cada página cuente, en que cada día diga.

Con el hermano de Fede en Ciudad del Este

Ciudad del Este. Fede está trabajando y su hermano me deja descansar ahora que duerme un rato. El hielo del tereré ya se ha derretido y yo me siento en esta silla de alambre y plástico rojo que descansa en el jardín.

Paraguay, finalmente he llegado aquí. En unos días me reencontraré con Edi al otro lado del océano y no puedo sino pensar en quién me iba a decir hace más de 5 años, cuando lo conocí, que la vida me traería hasta aquí.

Sacando fotos en Areguá, Paraguay.

Compartiendo viaje en la parte trasera de un camión con una cholita por las rutas del Che, en Bolivia.

Cenando en un hostel de mala muerte en la Quiaca, la noche antes de cruzar a Bolivia (con vinito del bueno).

Estamos en un *hostel* de mala muerte e Inti respira fuerte. Mañana cruzamos a Bolivia y en el ambiente ya se empieza a sentir. Hemos cenado un bocadillo y un vino tinto argentino en el suelo frío de esta habitación. Es nuestra forma de celebrar el tramo de autostop, el cruce de frontera y el reencuentro a este lado del planeta.

Samaipata, Bolivia. Una tarde más en la recepción. He dibujado una cholita, he atendido a un par de extranjeros y he doblado las sábanas que había para hoy. Le he hecho una foto a mi hermano, diciéndole que le extraño, y ahora aprovecho para escribir un rato mientras pienso en el siguiente paso. En mi plan loco de subir el río tras buscar un barco. Quiero llegar a la selva, pero siento que me faltan fuerzas.

Cholitas y cebollas en un mercado de La Paz, Bolivia

Máncora, Perú. Hace calor y siento arena en los pies, entre el dedo meñique, bajo mis muslos que tocan contra el tibio suelo de cemento. Me resguardo a la sombra del sol mientras aprovecho para escribir y me concentro en el ruido de las olas, obviando el acento argentino de los nuevos inquilinos. No tengo ganas de salir y de socializar. Solo de lectura y mar.

Puyo. Ecuador. Es 15 de julio, acabo de hacer Skype con mi familia por mi cumpleaños y aquí, sobre este humilde techo de tablones de madera, se ha puesto a llover como si no hubiese un mañana y las hojas de plátano se

están dando un buen lavado. Yo aprovecho el momento para escribir en mi diario, tratando que el rebote de las gotas de agua más grandes no moje las hojas ni expanda esta tinta azul que llena las páginas.

Quito, habitación triple y falta de limpieza. Un hostal extraño en una ciudad extraña que se queda desierta antes de hora. Caminamos por las calles vacías buscando algo para cenar con una sensación rara, de incomodidad o hasta malestar. Hemos llegado juntos a dedo, los inquilinos argentinos son ahora compañeros de viaje y han salido tatuados después de compartir habitación.

Cartagena. Vuelve a hacer demasiado calor. No alivia nada este ventilador, y al salir de la ducha uno se pregunta si sigue mojado o está ya empapado en sudor. Los barcos, la playa, los caballos. Hemos recorrido muchos kilómetros a dedo, he viajado mucho para llegar hasta aquí. Necesitamos movernos, Cartagena y este calor bochornoso nos ha atrapado y hasta hemos congeniado. Yo escribo en mi diario y Marina escribe cartas. Estamos sentadas en una acera de este barrio. Suena música en un par de casas más allá. Una señora baila, la policía pasa por delante, los señores juegan a las cartas. Yo protesto por el calor. Sudamos.

Bogotá. Marina se irá mañana. La despedida promete aguardiente y bachata, pero será modesta esta vez, no me gustan las despedidas porque suenan a definitivas.

Vuelvo al principio, a Cancún otra vez. La sensación de fracaso ha desaparecido, no soy la Andrea que se fue. Cancún. Escribo desde este balcón en el piso 16 de este edificio. Veo el mar al frente y la piscina azul turquesa en la planta baja. Los demás duermen. Llegar aquí ha sido como frenar en seco, pero a la vez es una buena prueba de adaptación. Ya puedo contar los días que me quedan de este lado en el calendario. La mochila descansa en una esquina de este cuarto y yo ya no viajo a dedo, sino en patinete multicolor.

Bilbao. Las paredes blancas de esta habitación. ¿Cuántos meses? ¿Cuántas cosas había que hacer y por hacer? Vuelvo a contar los días, pero ya no para volver, sino para subirme a un avión que me lleve lejos otra vez. Para volver a escribirme y a reinventarme. Para que lleguen las palabras nuevas y los nuevos adjetivos. Para entender mi nombre distinto y con otro acento y equilibrio.

El mundo deja de girar y vuelvo a darle otra vuelta con los dedos. Empieza a ser hora de marchar, o de migrar. No hay nada de lo que huir, pero sí mucho que buscar. Al final la vida es eso. Vivir debería ser sinónimo de viajar, y el texto, y la historia, vuelve a empezar.

¿PRóXIMO DESTINO?
NO TARDARá EN LLEGAR.

A mi abuelo, por creer siempre en mí. A mi abuela, por su apoyo y hogar, amor incondicional.
A Armando Contreras, el Bob, por impulsar la impresión que fue germen de este libro.
A mis editores, Barbara Birani y Javier Ortega, por creer en este proyecto.
A mis padres, que me contagiaron el lichito viajero y, por supuesto, a todas y a todos los que me ayudaron a lo largo de mis viajes.